禅のすすめ

道元のことば

角田泰隆

角川文庫
20754

はじめに

日本人の多くは、年末から年始にかけて、宗教的には特異な行動をとります。クリスマスを祝い、除夜の鐘に心を洗い、初詣《はつもうで》で新年を祝います。外国の人々の眼には、日本人は節操のない民族として映るようですが、それがまた、日本人の宗教であり、日本人らしさかもしれません。

仏教も長い歴史の中で、インドから、主として東方の国々の様々な民族に伝わり、種々の文化に触れて展開してきました。鎌倉《かまくら》時代に道元《どうげん》禅師が中国から日本に伝えた仏教は、インドに誕生し、中国に伝わって中国的に発展した禅の流れを汲《く》むものでした。そして、それが道元禅師によって伝来され、さらに日本的に展開したものと考えられます。

二十一世紀は、おそらく個々の独自性を重んじながら、共生してゆく時代になろうと思われます。そのような時代を迎え、日本が生んだ宗教家・思想家について学ぶことは、大いに意義あることです。また、日本の仏教、特に禅は、今日の日本文化を育《はぐく》んだ思想として、世界の多くの人々から注目されています。

本書は、『禅のすすめ~道元のことば』と題して、日本を代表する禅僧である道元禅師を学び、禅の思想に触れていただきます。まず、道元禅師の生涯について簡略に述べ、その特徴的な言葉を紹介しながら、深遠な教えを紐解《ひもと》いてみたいと思います。分かりやすく解説するために、できるだけ噛《か》み砕いてみました。しかし、道元禅師の言葉は、解説を加えてしまうと真意から離れてしまうほどに洗練されたものであり、私の解説にも限界があります。結局はみなさん自身で道元禅師の言葉を味わっていただくしかありません。すこしばかりでも、そのお手伝いをさせていただくことができれば幸いです。

目次

凡　例

『正法眼蔵』『正法眼蔵随聞記』『永平広録』等、道元禅師の著作からの引用は、大久保道舟編『道元禅師全集』（上・下巻、臨川書店刊）に拠《よ》った。

原典引用文の表記は、原典にしたがって旧仮名とし、ルビについては新仮名表記に改め、片仮名表記のものは平仮名表記に改めて統一した。また、読みやすくするために、会話の部分等は括弧《かっこ》でくくるなど一部手を加えた。

第１章　道を求めて

誕生から出家まで

道元《どうげん》禅師は、正治《しょうじ》二年（一二〇〇）正月二日（陽暦一月二十六日）、京都に生まれました。父は村上源氏《むらかみげんじ》の流れを汲《く》む久我通具《こがみちとも》（一説に通具の父通親《みちちか》）、母については不詳ですが、摂関家の職者にして宮中に重んじられた藤原基房《ふじわらのもとふさ》の関係の女性ではないかとされています。

伝記資料によりますと、道元禅師は幼少の頃からたいへん聡明《そうめい》であり、四歳のときには中国初唐期の詩人李嶠《りきょう》の詩を集めた『李嶠百詠《りきょうひゃくえい》（雑詠）』を読み、七歳のときには『毛詩《もうし》』（「詩経」の別名）や『春秋左氏伝《しゅんじゅうさしでん》』（「春秋」の解説書）を読んだとされます。これらは当時の朝廷で好んで読まれたもので、子どもたちの教科書でもあったと思われます。

道元禅師は、八歳の冬、最愛の母親の逝去に遭います。悲しい別れでありました。

「四苦八苦」という言葉がありますが、仏教では生・老・病・死という、私たちが人生において決して避け逃れることができない四つの基本的な苦しみと、さらに愛別離苦《あいべつりく》・怨憎会苦《おんぞうえく》・求不得苦《ぐふとくく》・五蘊盛苦《ごうんじょうく》の四つを加えて、四苦八苦と言っております。道元禅師はこのとき「愛別離苦」という苦しみと、生命の無常を感じるのです。

【四苦八苦】
生…生まれる苦しみ（輪廻転生《りんねてんしょう》の苦しみ）
老…老いてゆく苦しみ
病…病いを受ける苦しみ
死…死の苦しみ、あるいは死に対する苦しみ
愛別離苦…愛する者と別れ離れる苦しみ
怨憎会苦…怨《うら》み憎む者とも会わなければならない苦しみ
求不得苦…求めても得られない苦しみ
五蘊盛苦…肉体や心の働きが盛んであるがゆえの苦しみ

そして、この頃から仏教にひかれるようになったのでしょう。九歳のときには仏教の入門書ともいわれる『倶舎論《くしゃろん》』を読んでいます。おそらく、道元禅師の母親は臨終

にあたって、わが子が朝廷と幕府の権力抗争に巻き込まれるのを心配して、幼き道元禅師に出家を勧めたのではないかと思われます。

その後、道元禅師は藤原基房の猶子《ゆうし》（養子）となりますが、基房は道元禅師を元服させて朝廷の要職に据えようと考えていました。それを悟った道元禅師は、元服を間近にして、十三歳の春、祖母と伯母《おば》のいる木幡《こはた》（現・宇治《うじ》市）の山荘に行き、出家の志を伝え、比叡山《ひえいざん》の麓《ふもと》に住む外舅《げきゅう》（母の兄弟）の良顕法眼《りょうけんほうげん》を訪ねて相談しました。出家を求める道元禅師に伯父の良顕は驚きますが、その志の強固なることを知って、道元禅師が仏の道に入る手助けをし、さっそく道元禅師は比叡山横川般若谷《よかわはんにゃだに》の千光房《せんこうぼう》に登ることになりました。翌年四月には天台座主《てんだいざす》公円《こうえん》僧正について剃髪《ていはつ》・得度《とくど》し、出家の念願を果たすことができました。

道元禅師は純粋な求道心《ぐどうしん》に燃えて出家し、比叡山で仏教を学びました。当時の比叡山は、まさに仏教の総合大学であり、最高学府であったともいわれます。鎌倉仏教の教祖が共にここで学んだことはよく知られているところです。道元禅師も、ここにおいて十三歳から十八歳に至る六年間、当代一流の高僧に参じて修行しました。

しかし、純粋な求道心に燃えて出家した道元禅師が修行中に見たものは厳格に戒律を守らない僧侶《そうりょ》たち、そして名声を得ることや、高い地位に就くことを願っている修行者たちでした。

正伝の仏法への目覚め

道元禅師も、仏教の指導者や先輩たちに、「しっかり修行して、有名な高僧になれ」と教わりました。しかし、道元禅師はそのような修行に疑問を持つようになったのです。そのことが『正法眼蔵随聞記《しょうぼうげんぞうずいもんき》』巻五に記されています。

一日示《ニ》云《ク》、学人初心の時、道心有《あり》ても無《なく》ても、経論《きょうろん》・聖教《しょうぎょう》等よくよく見るべく、学ぶべし。我《われ》初めてまさに無常によりて聊《いささ》か道心を発《おこ》し、あまねく諸方をとぶらい、終《つい》に山門を辞して学道を修せしに、建仁寺《けんにんじ》に寓《ぐう》せしに、中間に正師にあはず、善友《ぜんぬ》なきによりて、迷《まよい》て邪念をおこしき。教道の師も、先づ学問先達にひとしく、よき人也。国家に知《しら》れ、天下に名誉せん事を教訓す。よて教法《きょうほう》等《ジ》を学するにも、先此国《まずこの》の上古の賢者にひとしからんことを思ひ、大師等にも同からんと思て、因《ちなみに》高僧伝・続高僧伝等を披見《ひけん》せしに、大国の高僧・仏法者の様を見しに、今の師の教えの如《ごと》くには非《あら》ず。又我がおこせる心は、皆経論・伝記等には厭悪《いといにく》みきらへる心にて有りけりと思《フ》より、漸《ようや》く心づきて思《フ》に、道理をかんがふれば、名聞《みょうもん》を思《フ》とも、当代下劣の人によしと思はれんよりも、上古の賢者、向後の善人を可《シ》レ恥《ツ》。ひとしからんことを思《フ》とも、此国の人よりも、唐土《もろこし》・天竺《てんじく》の先達・高僧を可《シ》レ恥《ツ》、かれにひとしからんと思《フ》べし。乃至《ないし》諸天冥衆《みょうしゅ》・諸仏菩薩等を恥《ジ》、かれにひとしからんとこそ思《フ》べきに、道理を得て後には、此国の大師等は土かはらの如く覚《エ》て、従来の身心皆改《あらため》ぬ。

〈学人、初心のときには、道心があってもなくても、経論・聖教などをよくよく見るのがよいし、学ぶのがよい。

私は、はじめ、まさに無常によっていささか道心を発《おこ》し、あまねく諸方を訪ねて、ついに比叡山を下って学道を修行したときに、建仁寺に身を寄せたが、それまでの間、正師《しょうし》に会わず、善友もなかったので、迷って邪念を起こした。

仏法を教える師も、まず学問を先達と同じように学んで、立派な人物となって、国家に名が知られ、天下に名声が上がるようにと教訓していた。

そこで、教法等を学ぶにも、まず、この国の上古の賢者と同じようになりたいと思い、大師等と同じようになりたいと思って、『高僧伝《こうそうでん》』『続高僧伝』等を開いて見たところ、大国の高僧や仏法者のありさまは、今の師の教えのようではなかった。

また、私が起こした心は、みな経論・伝記等では、憎み嫌っている心であったのだと思ってから、ようやく気がついて道理を考えてみると、名聞を思うにしても、当代の下劣の人に立派だと思われるよりも、昔の賢者や、将来の善人の評価を思うべきであり、同じようになりたいと思うにしても、この国の人よりも中国やインドの先達・高僧を思うべきである……と思った。この道理が分かってからは、この国の大師等は、土瓦《がわら》のように思われて、これまでの身心を改めてしまった〉

ここにありますように道元禅師は、中国の高僧の伝記を記した『高僧伝』を読んで、僧侶としての名誉を求める生き方は、本当の僧侶の生き方ではなく、むしろ名誉や利益を求める心を捨てて生きる道が、僧侶としてのほんものの生き方であることを知りました。そして、道元禅師の思いは、中国（宋）の禅の高僧へと向けられることになったのです。のちに道元禅師は、ほんものの仏教を求めて、中国に渡ることになるのです。

疑問を抱く

道元禅師は比叡山での修学時代に、ある大きな疑問を持ちました。当時、比叡山では次のような教えが説かれていました。

本来本法性《ほんらいほんぽっしょう》……人間は本来、仏の心を持ち、
天然自性身《てんねんじしょうしん》……生まれながらに仏の身体を有している。

道元禅師の疑問は「本来仏であるならば、なぜ、仏となることを願い、厳しい修行を積む必要があるのだろうか」というものでした。

ところが、当時の比叡山の指導者に尋ねても、明解な答えは返ってきませんでした。最後に、三井寺《みいでら》の公胤《こういん》（一一四五～一二一六）を訪ねて、この質問をしました。公胤は当時の顕密《けんみつ》の明匠《めいしょう》（天台学・密教学の優れた師）でしたが、この質問に対する答えは次のようなものでした。

その質問には、たやすく答えることはできない。ひそかに伝えられた家訓はあるが、お前の疑問に充分に答えることはできないであろう。聞くところによると、宋の国には、仏教を正しく伝えた宗派（禅宗）があるという。その答えは、自ら宋に渡って、求めたらどうだろうか。（『三大尊行状記』）

この公胤の言葉は、その後の道元禅師に大きく影響しました。『高僧伝』を読んで中国の禅僧にあこがれていた道元禅師は、いよいよ、入宋《にっそう》（中国留学）の志を深めていきます。

時に道元禅師は、その中国へ二度渡って禅を学んできた、建仁寺の栄西《えいさい》禅師（一一四一〜一二一五）を訪ねています。しかし、晩年の栄西禅師は、主に鎌倉におり、会うことができなかったと思われ、その弟子の明全《みょうぜん》（一一八五〜一二二五）に師事することになりました。この方は、栄西禅師が認める優れた弟子で、道元禅師はこの明全のもとで、禅の教えを学ぶことになります。そしてこの明全も、中国に渡って禅を学びたいと思っていました。

ほんものの師に会いたい、ほんものの教えを学びたいという志を同じくする二人の出会いは、大きな力となって、中国留学がやがて実現するのです。それは貞応《じょうおう》二年（一二二三）の春、道元禅師、二十四歳のときのことでした。

中国留学

二月二十二日、京都の建仁寺を出発した一行は、九州博多《はかた》に至り、準備をととのえて、三月下旬、船出し、四月初旬には中国の明州慶元府《みんしゅうけいげんふ》の寧波《ニンポー》港に到着しました。

明全は直ちに中国禅院五山の一つ、天童山景徳寺《てんどうざんけいとくじ》に登りましたが、道元禅師はしばらく船中に留《とど》まりました。その理由は明らかではありませんが、中国と日本との間で、僧侶の扱いの基準の違いがあり、それに関わる問題であったのではないかと思われます。

僧侶の修行道場での席順は、生まれてからの年齢ではなく、出家後の年数、つまり僧侶としての戒（生活規律）を受けてからの年数（これを戒臘《かいろう》と言います）によって定められています。ところが当時、日本と中国では戒律の種類が異なっており、中国では具足戒《ぐそくかい》（比丘《びく》戒）と菩薩戒《ぼさつかい》があるのに、日本では菩薩戒のみが用いられていました。具足戒は、小乗仏教における保つべき戒であり、比丘（男性僧侶）は二百五十戒、比丘尼《びくに》（女性僧侶）は三百四十八戒ありました。菩薩戒とは、大乗仏教における戒で、十の重要な（犯した場合には罪の重い）戒と、それに準じた四十八の戒が授けられていました。当時の中国では、僧侶は小乗の具足戒を受けたあとに菩薩戒を受けるのが通例であり、日本においては、具足戒を受けずに菩薩戒を受け、菩薩戒のみでよいとされていたのです。

中国から見れば、東の小国として扱われていた日本の様式は認められず、具足戒を受けていない道元禅師は、出家したばかりの新米の僧侶として扱われようとしました。明全はあらかじめ、その対策を講じていて、何ごともなく適切な席順に収まったと思われますが、道元禅師はあえて対策を講ずることなく、これに抵抗したのです。国家の違いはあっても仏法においては平等であり、戒臘を最も重んずべきではないかと主張したのです。

道元禅師は、三度にわたって上表《じょうひょう》（天子に意見を述べること）しています。そして、禅宗五山の評議となり、ついに天子、寧宗《ねいそう》の認めるところとなり、決裁がおり、ついにその主張が認められたと伝えられます。第一回の上表で、道元禅師は次のように抗議しています。

この娑婆《しゃば》世界は、釈尊《しゃくそん》の遺法の流布せる国、戒法すでに弘通《ぐづう》せり。仏法の位次は、尊卑・老少を論ぜざるなり。先に受戒せし者、先にありて座し、後に受戒せる者、後にありて座するは、けだしこれ七仏・諸祖の通戒なり。なんぞ日本・大宋に至りて、別異あるべけんや。（『上寧宗皇帝表』）

〈この娑婆世界は、釈尊の遺された仏法が流布している国であり、仏法の決まりも大いに広まっています。仏法における席順は、世俗的な身分の尊卑や年齢のいかんにかかわらず、先に受戒した者は上位に座り、あとに受戒した者は下位に座ります。思うに、これが過去七仏はじめ歴代の祖師方の共通の決まりです。どうして、日本と大宋（中国）において違いがあってよいもの

でしょうか〉

仏法の決まりとしては、出家（受戒）してからの年数によって修行者の順序が決まります。中国と日本で戒の様子は異なっても、出家してからの年数は明白でした。しかし、日本の菩薩戒は中国では通用せず、日本は小国として扱われ、また国家による様式の違いによってことが図られようとしました。「仏教には仏教の決まりがある、それは国家を超えるものであるはずだ」というのが道元禅師の主張であったようです。道元禅師にはつねに、世法（一般世間での決まり）ではなく、仏法（仏教における決まり）が、あらゆることの基準におかれていたのです。この主張は、中国の禅宗界を揺るがしたといわれます。

中国禅僧との出会い

ところで、慶元府の寧波港に到着後まもなく、中国の嘉定《かてい》十六年（一二二三）五月頃、道元禅師は一人の中国僧と船上で出会います。この禅僧は、明州の阿育王山《あいくおうざん》という修行道場の典座《てんぞ》（食糧の調達から調理や給仕までのすべてをつかさどる責任者）で、道元禅師の乗った船に、倭椹《わじん》（椎茸《しいたけ》）を買い求めにやって来たのでした。道元禅師にとって初めての中国の禅僧との出会いであったのでしょう。さっそく声をかけて、お茶をふるまいました。彼は、五月五日の端午の節句を翌日にして、修行僧たちへの供養の材料を買い求めに来ていたのです。典座は、昼食をすませてから、五、六里の道を歩いて港までやって来て、買い物を終えたらすぐに帰るということでしたが、道元禅師は典座を引き止めて言いました。

道元「今日は思いがけず、こうしてお会いして、船のなかでお話しすることができました。これも何かのよいご縁です。私が典座さまに一つ供養いたしましょう。今日はどうぞお泊まりになっていってください」

典座「それはできません。明日の供養は、私がいたしませんと、できませんから」

道元「でも、お寺にはほかにも炊事をしている人はいるのでしょう。あなた一人くらい不在でも、そんなにお困りのことはないでしょう」

典座「私は老年にして、今の典座の役職に就きました。これは老年になってからの修行です。どうして他人にこの修行を譲ることができましょう。それに、来るときに一泊するという許可も得てきませんでした」

道元「あなたは、それなりのお年なのですから、どうして坐禅《ざぜん》したり『古則公案《こそくこうあん》』(古人の禅問答)を学んだりしないで、煩わしい食事係を引き受けて、一生懸命にお働きになるのですか？　何かいいことがあるのですか？」

典座は大笑いして言いました。

典座「外国のお人よ、あなたはいまだ弁道（修行）とは何かということを分かっていないようだ。文字（言葉）とは何かということもご存じないようですな」

道元禅師は突然、恥ずかしくなり、また驚いて、さらに質問しました。

道元「それでは、言葉とはどういうことなのでしょうか？（如何是文字？）修行とはどういうことなのでしょうか？（如何是弁道？）」

典座「ん……。今、あなたが質問したところを間違わなかったら、あなたはすでに道を得た人なのですが……」

道元禅師は、典座のこの言葉の意味がまったく分かりませんでした。

典座「もし、まだお分かりにならないのなら、後日、阿育王山においでなさい。そのときに、言葉とは何か、修行とは何かということを考え合ってみましょう。日が暮れてしまう。もう行かなくては」

典座は足早に帰っていきました。

さて、道元禅師の質問に対して典座は、「今、あなたが質問したところを間違わなかったら、あなたはすでに道を得た人なのですが……」と答えていますが、原文では「若不蹉過問処、豈非其人也」（若《も》し問処を蹉過《さか》せずんば、豈其《あにそ》の人に非ざらんや）とあります。これはどういう意味かと申しますと、道元禅師が質問した「如何是文字」という言葉は、「文字とは何ですか？」という質問であったのですが、実は「如何是文字」という言葉は、また同時に、「如何《いか》なるものも、文字である」という肯定の意味をも表す言葉であったのです。つまり「如何」とは、「いかなるか」という質問の語でもあり、また「いかなるも」という肯定の語でもあったのです。

典座は、道元禅師の質問した「如何是文字」という言葉に、「如何なるものも、文字である」という肯定の意味も同時にあることに気づいて、「今、あなたが質問したところを間違わなかったら、あなたはすでに道を得た人なのですが……」と言ったのです。

「如何なるものも、文字である」とは、経典や語録に書かれた文字ばかりが文字なのではなく、すべてが文字であるということ、つまり、言葉を学ぶことだけが修行ではないことを示している言葉であったのです。これはまさに答えでもあったのです。

奇《く》しくも道元禅師の質問には、素晴らしい答えが示されていました。しかし、道元禅師がそのことに気づいたのは、のちのことでした。道元禅師はのちに、「問処の道得」すなわち、「質問のなかに答えがある」ことを説いています。禅者の問答には時として、このようなことがあるのです。

第2章　中国留学

文字とは何か

道元《どうげん》禅師は、この年（一二二三）、七月、天童山景徳寺《てんどうざんけいとくじ》において、この典座《てんぞ》に再会します。典座がわざわざ訪ねてきたのです。

典座「この七月で夏安居《げあんご》（夏期の修行）が終わり、私は典座職を退いて、郷里へ帰ろうとしております。たまたま、あなたがここにおられると聞いて、何とかお目にかかりたいと思ってまいりました」

道元禅師はたいへん感激して、典座を接待しました。そのとき、五月に寧波《ニンポー》の船中で話をした「文字（言葉）」「弁道（修行）」のことが話題になりました。

典座「そうそう、『言葉』や『修行』の意味ですが……、あなたがそのように質問したのは、素晴らしいことでした。なぜなら、言葉を真剣に学ぶものは、そもそも言葉とは何なのかを知ろうと思いますし、修行に励むものは、いったい修行とはどういうことだろうと、その意義を了解したいものです」
道元「それで、言葉とはいったい何でしょうか？」
典座「一二三四五」
道元「修行とは、どういうものなのでしょうか？」
典座「遍界《へんがい》かつて蔵《かく》さず」（⇩p.28）

「如何是文字」（言葉とはいったい何でしょう）という道元禅師の質問に対する典座の答えは「一二三四五」でした。この答えは何を意味しているのでしょうか。

「一二三四五」という言葉は、『趙州録《じょうしゅうろく》』に出てきます。師匠の南泉普願《なんせんふがん》（七四八～八三四）と弟子の趙州従諗《じょうしゅうじゅうしん》（七七八～八九七）のこんな話です。

趙州は井楼《せいろう》（井戸のやぐら）に上っていて、下を歩いて通り過ぎて行く南泉を見かけました。趙州は、ちょっと師匠をだましてやろうと柱に抱きついて、「助けてくれー」と叫んだのです。南泉は上手をいっていて、そんなことはお見通しで、助けに行くふりをして梯子《はしご》の下で「一、二、三、四、五」とかけ声をかけました。梯子を上ることなく、かけ声だけかけて、そのまま行ってしまいました。弟子は師匠が助けに来たら「だましてやった」と得意になろうと思っていましたが、師匠は助けに来ません。

師匠はそんなことはお見通しで立ち去ってしまったのです。弟子の方がかえって、だまされたわけです。

言葉というのは、そんなものです。梯子の下で「一、二、三、四、五」とかけ声をかけれぱ、「あっ、上ってきたな」と思います。しかし師匠は、かけ声だけかけて上って来なかったのです。

よく、「かけ声だけ」と言いますが、言葉に出しても実際は行わない、ということもあります。そうであれば、言葉はただの言葉です。言葉を発しても、それは行ったことにはなりません。経典や語録を学ぶのも同じことで、学ぶことは確かに大切ですが、そこには何が書かれているかというと、古《いにしえ》の偉人が行った修行の様子や、実際の修行生活のなかでの言葉のやり取りが書かれているのです。学ぶこと、そのことが目的ではなく、学んで、その言葉のもとにあるところの実践をすることが大切です。典座は、すでにその実践を行っていたのです。典座から見ると、経典を学ぶことが修行だと思っている道元禅師は、まだまだ未熟でした。典座の仕事に限らず、日常生活の営みのなかで修行は行われるのです。典座は、そのことを道元禅師に教えようとしたのでしょう。

と同時に、経典や語録に示された言葉とは、単なる言葉ではありますが、古人の踏み行った修行の様子や、実際の修行生活のなかでの言葉のやり取りが示されているわけですから、言葉のうえにも真実は、直ちに示されているのです。言葉を通じて真実の修行とは何かを知ることができるのです。

言葉はしょせん言葉に過ぎません。しかし、その言葉のなかに真理があるとも言えるのです。

修行とは何か

また、「修行とは何ですか?」という道元禅師の質問に対し、典座は「遍界《へんがい》かって蔵《かく》さず」と答えています。「遍界かって蔵さず」とは、「世界は隠すことなく現れている」という意味です。これはつまり、「修行でないことはない」「いっさいが修行だ」ということでしょう。道元禅師はそれまで、典座のような仕事は、仏道の修行ではないと思っていましたが、そのような思いが間違っていたことを教えられたのです。

この典座との出会いにより、道元禅師は「文字(言葉)」とは何か、「弁道(修行)」とは何かを知ることができました。道元禅師は、のちに、

山僧《さんぞう》聊知文字了弁道、乃彼典座之大恩也。(『典座教訓《てんぞきょうくん》』)

(山僧、聊《いささ》か文字《もんじ》を知り弁道を了ぜしは、乃《すなわ》ち彼《か》の典座の大恩なり。)

〈私が、経典や語録に示された「文字」(言葉によって示された教え)とはいったい何か、そして本当の「弁道」(修行)とは何かを知ることができたのは、まったく、あの老典座の大恩によるものである〉

と語っています。そして、『典座教訓』という書物を著し、この典座との出会いを紹介し、典座の職の重要であることを示しています。

中国において、禅の修行者たちの僧団が自給自足の生活を行うようになってから、古来、修行道場において最も重要とされた職が典座です。道元禅師は、中国での修行において、この典座という職の重要さを知りました。

昔から典座は、道心堅固な、仏道を真剣に求める立派な人物が任じられてきた職であり、大切な自然の生命《いのち》である食料を扱うということは、修行のできた者でなければできないことであるとされました。米一粒にしても、また米のとぎ汁にしても、野菜の切れ端にしても、すべて大自然の生命であり、むだにしてはならないのです。「コメ」などと呼び捨てにしてはならない、と道元禅師は言います。典座の役職は、大自然を自分の身心とすることができるような高僧でなければ、真実に全うできない役職なのです。

食糧を買い求めたり、食事の支度をすることは、主として女性がする仕事のように思い、重要な仕事ではないと思っている人もあるようですが、とんでもないことです。食事の支度が実に骨の折れることであることは言うに及ばず、この仕事は、老若男女の区別なく行われるべき大切な修行です。いや、修行のできた者こそ行うことが許される重要な仕事であるのです。

「雑事」「雑用」という言葉があります。「雑」とは、種々雑多な、事こまかなという意味ですが、「つまらない」という意味合いも含まれています。しかし、「行い」そのものにつまらない行いというものはないはずです。その行いをつまらなくしているのは、私たちの心の貧しさではないでしょうか。

今、ここ、このこと

さて、道元禅師は中国において、いろいろな禅僧に出会い、さまざまな貴重な体験をされます。こんどは天童山景徳寺での修行中の出来事です。

道元禅師は昼食を終えて、東の廊下を通って超然斎《ちょうねんさい》（建物の名称）へ行く途中、慶元府の用《ゆう》という典座が仏殿の前の中庭で、苔《たい》（海草か）を晒《さら》しているのを見ました。手に竹の杖《つえ》を持ち、笠《かさ》もかぶらず苔を晒しています。太陽の光はカンカンと照らし、敷石は非常に熱くなっています。その年老いた禅僧は、背骨は弓のように曲がって、眉毛《まゆげ》は鶴のように真白で長く、汗をたらたら流しながらあちこち歩き回って、力を励まして苔を晒しています。いかにも、つらそうな様子です。道元禅師は、声をかけました。

道元「典座和尚はおいくつになられますか?」

典座「六十八歳になります」

道元「どうして行者《あんじゃ》(寺の用務をつかさどる未出家者)や雇い人を使わないのですか」

典座「他人がやったのでは私の修行にはなりません」

道元「……ご老僧のおっしゃるとおりです。しかし、今は太陽がこんなにカンカンと照っております。どうして、この非常に暑い今……?」

典座「今やらないで、いつやるときがありますか」

返す言葉がありませんでした。道元禅師は、再び廊下を歩きながら考えました。

おっしゃるとおりだ。自分でやらなければ自分の修行にはならない。いつかやろうと思っていたら結局できるものではない。典座という役職は、大切な役職だ。阿育王山の典座といい、この天童山の典座といい、みな、立派な方々だ。

何のために

また、あるとき、道元禅師が、古人の語録を読んでいたとき、たいへんまじめな四《し》川《せん》省の出身であるという修行僧に尋ねられました。

僧「語録を見て、何の役に立つのですか?」
道元「国に帰って人を導くためです」
僧「それが何の役に立つのですか?」
道元「衆生《しゅじょう》(人々)に利益を与えるためです」
僧「結局のところ何の役に立つのですか?」
道元「…………」

彼は、そのまま立ち去っていきました。道元禅師は考えました。

何のため? 何のためなのだろう。なるほど、語録や公案(禅問答)などを見て、古人の行われたことを知ったり、あるいは、迷っている者のためにそれを説き明かしたりすることは、……?……もしかすると、自分の修行のためにも、他人を導くためにも、あまり意味のないことかもしれない。

古人の語録・公案を学ぶことは確かに大切ですが、そこに何が書かれてあるかと言えば、昔の仏や祖師（歴代の高僧）が行った修行の様子や、実際の修行生活のなかでの言葉のやり取りが書かれています。それを勉強すれば、「なるほど」と思いますが、それを知って感心しただけではダメなのです。自分がそれを実践して、自分自身のものにすることが大切です。もし、自分自身で実践し、体験し、体得することができれば、昔の人の言葉を借りなくても、いくらでも語れるはずなのです。

もし、日本に帰って、日本の修行者に、いくら昔の人の業績や言葉を伝えることができても、やはりその修行者自身が、それにもとづいて自ら実践・修行し、その悟りを追体験することがなかったならば、それは生きた仏教にならないのです。

昔の人の素晴らしい言葉を学ぶだけではダメなのであり、その言葉が発せられる源にあるもの……仏教で言えば「悟り」ということになりますが……それをしっかりと自分のものにしなければ、その言葉の真意をつかむことはできないでしょう。

学ぶことが修行なのではなく、学んで実践すること、それが修行であり、であるからこそ、日々の実践が大切なのです。

道元禅師はこのとき、次のように悟ったといいます。

この私が、いくら語録や公案などを見て、古人の行われたことを知っても、それは知識にすぎない。自分がもっぱら坐禅・修行して、仏法を自ら究明して、肝心かなめのことを明らかにしさえすれば、そのあとには語録の一文字も知らなくても、人に教え示すのに、用い尽くすことはないはずだ。そうだ、だから、あの僧は「結局のところ何の役に立つのですか？」と言ったのだ。なるほどこれは、真実の道理だ。

如浄との出会い

その後、道元禅師は、語録を見ることをひかえ、坐禅の修行に専念するようになりました。正しい師匠を求める旅も、続いていました。台州の天台山を訪ね、報恩光孝寺《ほうおんこうこうじ》の笑翁妙湛《しょうおうみょうたん》、瑞巌寺《ずいがんじ》の盤山思卓《ばんざんしたく》など、時の中国の高僧を訪ねました。しかし、いずれも、心より慕い、したがうことのできる師匠ではありませんでした。

そんなある日、老璡《ろうしん》という僧に出会います。かれは、師を求めて旅をする道元禅師に次のように勧めます。

この大宋国で、ただ一人、ほんものの仏法を会得しておられるのは如浄《にょじょう》和尚さまでです。この方は、まさに仏の眼を持っておられます。あなたが、ほんとうの仏法を学ぼうと思われるなら、如浄和尚さまにお会いすべきです。きっと得るところがあるでしょう。

天童如浄(一一六三〜一二二七)、この人こそ、道元禅師が求めていた正師《しょうし》(ほんものの師匠)でした。如浄はそのとき天童山の住職になっていたのです。天童山は、道元禅師が修行の旅に出かける前に、中国での修行の本拠地とされていた修行道場でした。昨年、天童山を発《た》って、修行の旅に出かけたあと、まもなくこの如浄が、天童山の住職になっていたのです。

道元禅師が天童山に戻ると、すでに如浄が住職として入っており、坐禅修行を中心とした厳格な指導が行われていました。如浄は、臨済宗《りんざいしゅう》・曹洞宗《そうとうしゅう》のいずれの宗にも与《くみ》せず、両宗の宗旨を兼ね備えて、独自の宗風を振るっていました。

その説法の様子は、猛虎《もうこ》がうずくまるようであり、獅子《しし》が吠《ほ》えるようであり、厳しく激しく、豪快、破天荒なものであったといわれます。如浄のもとには多くの修行者が入門を求めて訪れていましたが、如浄は、そう簡単には修行者の入門を許しませんでした。

よく、禅の道場に行きますと、玄関に「関《かん》、仮鶏《かけい》を許さず」(鶏の鳴き声をまねするような修行者は、この玄関からは入れない。※中国、戦国時代、斉《せい》の孟嘗君《もうしょうくん》が函谷《かんこく》関《かん》を脱出した故事による）という言葉や、「ほんとうに道を求める修行者にだけ、門は開かれている」という意味の言葉が掲げられています。

如浄が住職となった天童山もそのような厳格な修行道場になっていました。

僧「私は各地の修行道場を巡り、もう二十年あまり修行をしてまいりましたが、和尚のもとでさらに修行を積みたく存じます。入門をお許しいただけるでしょうか？」

如浄「ん？　私は、簡単には入門を許さない。本当に仏道を求める心がなく、そこらの修行道場の生活に慣れきったような者は、この道場には不要じゃ。出ていけ！」

僧「こちらの道場に置いていただき、何でもお役に立とうと思います。入門をお許しください」

如浄「真剣に仏法を求めるのでなければ、いったい何の修行の必要があろう。役に立とうと思うような者は、かえって、みなを騒がせるだけじゃ。帰れ！」

というようなありさまでした。

しかし如浄は、道元禅師が天童山に戻ったとき、なぜか一見して入門を許しました。道元禅師の仏道を求める心の真実なることを、見て取ったからでありましょう。

こうして道元禅師は如浄と出会い、入門を許され、天童山において以前にもまして厳しい修行の日々を送るのであります。

第3章　如浄に学ぶ

如浄の教え

如浄《にょじょう》の説法は、他の指導者とは大いに違っていました。あちこちの大寺院の指導者をはばかりなく批判しました。時に、その語りは豪快であり、奇抜であり、毒舌とも言えるものでした。

最近の長老たちは、やたらにまだらな衣や袈裟《けさ》をかけ、また長髪を好み、国師号や禅師号などをもらうことを出世だと思っている。まったく救いようがない。哀れなことに、仏道を本当に求める心がなく、ろくな修行もしていない。

（『正法眼蔵』「嗣書」に記されている如浄の言葉）

今日は成道会《じょうどうえ》。釈尊《しゃくそん》がお悟りを開かれた日だ。お悟りとは何だ？　釈尊が目の抜いて捨ててしまわれたとき、雪のなかに、一輪の梅の花が咲いたのじるかな？　これまでの見方を捨てるのじゃ。そうしなければ、梅の花は。

（『天童如浄和尚録《てんどうにょじょうおしょうろく》』「清涼寺《せいりょうじ》語録《ごろく》」）

今日は涅槃会《ねはんえ》。釈尊の亡くなられた日だ。釈尊が亡くなられたとき、森羅万象、大地全体が沈みかえった。これを見て悪魔は手を打って喜び笑い、灯籠《とうろう》やら露柱やら、心を持たないものは胸を打って悲しみ嘆いたという。このとき、もしこれを見れば、私もまた手を打って大笑いしたであろう。

なぜだか分かるか？　手を打って喜び笑うという方が、道理が通っているからだ。どうしてかと言えば、釈尊は姿を隠されただけだ。何も嘆き悲しむことはない。釈尊は今におわしますぞ、ほら、あの山々や水の流れ、鳥たちの鳴き声、春風のなかに。

（『天童如浄和尚録』「清涼寺語録」）

求道《ぐどう》心に燃える道元《どうげん》禅師は、如浄から多くの教えを得ようと、昼夜、時候にかかわらず、また、あらたまって身支度せずに、如浄の部屋に伺って質問をさせてもらえるよう願い出ました（『宝慶記《ほうきょうき》』）。如浄は、父親だと思っていつでも遠慮せずに来なさいと、快くそれを許したのです。

まことに、どの道、ほんとうに道を求める者は、その道の何であるかを知ろうとするものです。

日本には「道」という字が付けられた言葉が多くあります。書道・茶道・華道はじめ、柔道・剣道などの武道にも付けられています。それは、これらが単なる作法ではなく、また技や力だけを競う戦いではないからでしょう。そこには人間形成という大きな目的があるのです。

これらの道に限らず、どの道であっても、その道を生きるにあたっては、その道の何たるかを知ろうとすることが大切ですし、そして確かに知ることが大切であるはずです。

仏道、つまり仏の道においては、真実の修行者は、仏の道とはどういうものであるのかを知ろうとするものです。道元禅師もそうでした。質問して確認したいことがたくさんあったのです。

如浄もそうでした。ほんものの指導者は、本当に道を求める者を待ちわびているものです。そして、いかなる質問にも答えうる力を備えているのです。

如浄にとって、道元禅師の懇願は嬉《うれ》しくもあったに違いありません。

その後、多くの問答が交わされてゆきました。

「冷暖自知」は悟りなのか?

「冷暖自知《れいだんじち》」という言葉があります。冷たいとか暖かいとかを自ら体験して知る、ということです。このことについての、如浄と道元禅師との問答があります。

水が冷たいとか暖かいとかは、他人から説明されてもよく分かりませんが、自分自身で水の中に手を入れてみると分かります。同様に、リンゴを食べたことのない人に、リンゴの味をいくら説明しても分かってはもらえません。実際に食べてもらうのが一番です。

禅の悟りというのも同様で、自分で体得しなければほんとうに分かったとは言えないのです。しかし、ここに大きな落とし穴があります。多くの人に誤解されている考え方があります。

それは、ものを見たり、声を聞いたり、香りを嗅《か》いだり、食べ物を味わったり、冷たいとか暖かいとかを肌で感じたりする、そのような働きを「悟り」というのであるという考え方です。当時、多くの禅僧が、そのように考えていました。もし、ものや声や香りや味を自ら知るということが「悟り」であるならば、そのような働き、つまり知覚能力や、聴覚・嗅覚《きゅうかく》・触覚といった能力を、そのすべてでなくても、ちゃんと持っているわけですから、そのようなことを「悟り」というのであれば、みながもともと悟りを得ているのであり、すべてのものはみな仏ということになってしまうわけです。道元禅師は、このようなことを多くの禅僧が言うのを疑問に思っていました。

ある禅僧は、「そのとおり、すべてのものがみな仏だ」と言いますし、ある禅僧は、「すべてのものが必ずしも仏であるわけではないが、冷暖自知の働きこそが悟りであると気づいた者は仏である（気づかないうちは仏ではない）」と言っていました。

あるとき道元禅師は、このことを如浄に質問しています。如浄は次のように答えました。

いっさいの生きとし生けるものが仏であるというのは、自然外道《じねんげどう》（ありのままでよいという誤った考えをする者）の言うことである。すべて善も悪もなく、何をやっても、ありのままでよいとする考えであり仏法ではない。そのように言う指導者は自分勝手な考えを、諸仏の教えと同じだと思っているのだ。何も分かっていないのに、分かっていると思い、何も悟っていないのに、悟っていると思っている。（『宝慶記《ほうきょうき》』）

この問答は重要です。先に述べたように、道元禅師はかつて比叡山での修学時代に大きな疑団（疑問）を起こしていますが、その疑問がこの如浄の言葉によって氷解したのです。これは仏教において、実に大切な問題であると言えます。私たちは、物を眼で見て認識します。耳で声を聞いて認識します。鼻で香りを嗅いで認識します。このような認識を「見聞覚知《けんもんかくち》」とも言います。それは、左の表のようになります。よく知られている『般若心経《はんにゃしんぎょう》』には、このことに関わることが説かれています。仏教では、日常生活における見聞覚知の働きを表のように分析するのですが、それは仮に分析したのであって、現実はこのように分析できるものではなく、事実がありのままにあること、空《くう》であることを「無色声香味触法《むしきしょうこうみそくほう》、無眼界乃至無意識界《むげんかいないしむいしきかい》」などと「無」の字を付けて言っているのです。

《六根》	《六境》	《六識》	
眼《げん》……	色《しき》……	眼識《げんしき》	見《けん》
耳《に》……	声《しょう》……	耳識《にしき》	聞《もん》
鼻《び》……	香《こう》……	鼻識《びしき》	覚《かく》（鼻識・舌識・身識）
舌《ぜつ》……	味《み》……	舌識《ぜっしき》	
身《しん》……	触《そく》……	身識《しんしき》	
意《い》……	法《ほう》……	意識《いしき》	知《ち》

これらの働きは実に大切です。このような働きをすべて備えたロボットを作ろうと思っても、それは不可能だと言われています。物体を認識してそれをつかみ取る、それは私たちに簡単にできても、それだけの仕事をするロボットを作製するだけでもたいへんなことです。卵をじょうずに割る、ということもロボットにとってはたいへんな作業です。

そのような能力を生まれながらに持っている私たちは、確かに素晴らしい存在であることは間違いありません。

さて、話をもとに戻しますが、このような素晴らしい働きであっても、それは「悟り」でも「仏」でもないのです。このような働きを「悟り」と言ったり、このような働きを持っている者を「仏」とするならば、そして、そのことを知ればよいのであれば、「修行」ということは不要となります。

仏教はそのような、修行を不要とするような教えなのか、それが道元禅師の大きな疑問でした。如浄は、このような考え方は仏教ではないと、きっぱりと否定してくれたのです。

思うに、これらの働きは素晴らしい働きであっても、「迷い」を作り出している原因でもあります。このような働きのなかで、さまざまな煩悩や欲望が生まれてきます。

貪《とん》（むさぼり）・瞋《じん》（怒り）・痴《ち》（愚かさ）という根本煩悩《ぼんのう》や、食欲・睡眠欲・色欲（性欲）・財産欲・名誉欲といった欲望が、そのまま「悟り」であるはずがありません。「冷暖自知」や「見聞覚知」という能力は、素晴らしい働きではありますが、煩悩や欲望をも生み出すのです。そしてもちろんこの働きによって「悟り」を開き、仏になることもできるのです。

如浄の教えによって我々が生まれながらそのまま「悟り」の存在でも「仏」でもなく、修行が必要であることを道元禅師が確信したことは意義あることでした。その修行とは何か、次にはそれが明確にされなければならなかったのです。

只管打坐

また、ある日の問答で、こんな場面がありました。

道元「堂頭和尚《どうちょう》さまは、『参禅は身心脱落《しんじんだつらく》（⇒p.102）である。焼香・礼拝・念仏・修《しゅ》懺《さん》（自分の犯した罪を悔い反省すること）・看経《かんきん》（読経《どきょう》・諷経《ふぎん》）をもちいず、ただ坐《すわ》るだけだ』とおっしゃっていますが、『身心脱落』とはどういうことでしょうか？」

如浄「身心脱落というのは坐禅《ざぜん》である。只管打坐《しかんたざ》（⇒p.99）のとき、欲望を離れ、煩悩を除いている」

道元「もし、欲望を離れ、煩悩を除くのが目的であれば、教家（禅が伝わる前の中国の仏教）が言っていることと同じではないでしょうか。つまり、大乗仏教・小乗仏教の修行者と同じではないでしょうか？」

如浄「仏祖の児孫《じそん》（子孫）であれば、大乗仏教や小乗仏教の所説をむやみやたらに嫌ってはいけない。仏道を学ぶ者が如来（釈尊）の聖なる教えに背くのであれば、あえて仏祖の児孫でいる必要があろうか」

如浄は、つね日頃、「もっぱら修行すべきは坐禅である。坐禅こそ身心脱落の行である。焼香・礼拝・念仏・修懺・看経をもちいず、ただ坐禅すればよいのだ」と指導していました。

この如浄の言葉は、道元禅師の著作のなかにしばしば見られ、学人を励まし、導いています。

一般的に、悟りとは、修行の結果として得るものとされています。であれば、修行を積んで、その到達点として悟りがあるということであれば分かります。しかし如浄の言葉は違っていました。「坐禅は身心脱落である」、つまり「坐禅」という修行が、「身心脱落」という悟りにほかならないというのです。

おそらく道元禅師にとっても理解しがたい言葉であったのではないでしょうか。しかし道元禅師は、如浄の言葉をそのまま信じたのです。そして、ただ坐ったのです。昼夜にわたり厳しい坐禅が続けられました。

奘問云《テク》、若然《もシしからば》、何事いかなる行か、仏法に専ら好み修《ス》べき。

師云《ク》、機《き》に随《したがい》、根《こん》に随《したがう》べしと云へども、今祖席《そせき》に相伝して専《もつぱらす》る処は坐禅也。此の行、能衆機《よくしゅき》を兼《かね》、上中下根等《ひとしく》修し得べき法也。我《われ》大宋天童先師の会下《えか》にして、此道理を聞て後、昼夜定坐《じょうざ》して、極熱極寒には発病しつべしとて、諸僧暫《しばら》く放下《ほうげ》しき。我其時自《みずから》思はく、直饒《たとい》発病して死《ス》べくとも、猶只是《なおただこれ》を修《ス》べし。不レ病《マ》して修せずんば、此身労しても何の用ぞ。病《やまい》して死なば本意也。大宋国の善知識の会にて修し死《シ》て、よき僧にさばくられたらん、先づ結縁也。日本にて死なば、是ほどの人人に、如法仏家の儀式にて沙汰すべからず。修行して未《ダ》レ契《かなわ》先きに死せば、好結縁《けちえん》として生を仏家にも受べし、修行せずして身を久《ひさし》く持《たもちル》ても無《キ》レ詮也。何の用ぞ。況や身を全くし、病不《じ》レ作《おこさ》と思ふ程に、不レ知《ラ》、又海にも入《いり》、横死にも逢はん時は、後悔如何。如《ク》レ是《ノ》案じつづけて、思切て昼夜端坐せしに、一切病不レ作《おこら》。如今《いま》各各も、一向に思切て修して見よ、十人は十人ながら可《キ》二得道《ス》一也。先師天童のすすめ、如《シ》レ是《ノ》。

（『正法眼蔵随聞記《しょうぼうげんぞうずいもんき》』巻二）

〈懐奘が質問して言った、「もしそうであるなら、どのような事、どのような行を、仏法においては専ら修行するべきでしょうか」。

道元禅師は言われた、「それぞれの能力に随《したが》い、素質に随って行うべきであるけれども、ここに私が中国の如浄禅師より伝受した仏法において専らつとめるべき行は坐禅である。この行（坐禅）は、どんな人でも行うことができ、能力の優劣の区別なく、皆が平等に修行することのできる修行法である。私は、大宋国（大いなる宋の国）の天童山景徳寺の住職であった先師（亡くなった師匠）のもとで、この道理（ただひたすら坐禅を行いなさいという教え）を聞いてのち、昼夜に坐禅した。極熱極寒の時には発病してしまうだろうと言って、多くの僧侶はしばらくの間、坐禅をやめてしまったが、私はその時に思った、『たとえ発病して死ぬようなことがあっても、ただひたすら坐禅修行をしよう。病気でもないのに修行せず、この身体をいたわっても何の意味があるだろう。坐禅して病気になって死ぬのなら本望だ。大宋国の善知識（すばらしい指導者）の道場で修行して死に、優れた僧侶達に弔ってもらうことができたならば、来世において悟りを開くよい縁となる。日本で死んだならば、これほどの人々に、正式な仏教の儀式で弔ってはもらえない。

修行して未《いま》だ悟りを得る前に死んでも、よいご縁を受けて来世は仏の家に生まれることができるであろう。修行しないで長生きしても意味はない。何になろう。まして、身体を大切にして病気にならないようにと思っても、航海の途中で海に投げ出されたり、不慮の災難に逢って死ぬようなことがあればどれほど後悔するであろう』。このように考え続けて、思い切って昼夜に端坐したが、いっさい病気にもならなかった。いま皆さんも、ひたすら、そのように思って坐禅を行じてみなさい。十人は十人ながら道を得るはずである。先師天童の勧めはこのようであった」〉

身心脱落

そして、ある日の早朝の坐禅。如浄が僧堂（坐禅堂）に入堂し、堂内を巡って歩いていて、修行僧が居眠りをしているのを見て、叱りつけました。
「坐禅は必ず身心脱落でなければならない。居眠り坐禅をしていてどうするのだ！」と。

この言葉を聞いて道元禅師の迷いは消え去っていました。そして、早朝の坐禅のあと、道元禅師は如浄の部屋を訪ねて、焼香礼拝しました。かしこまって香を焚《た》き、恭しく礼拝したので、如浄は尋ねました。

如浄「どうしたんだね？　焼香礼拝なんぞして（焼香の事、作麼生《そもさん》）」＊
道元「身心脱落いたしました（身心脱落し来《きた》る）」
如浄「うん、身心を脱落して、脱落した身心となったな（身心脱落、脱落身心）」
道元「このたびのことは一時の出来事です。そんなに簡単に証明しないでください（這箇《しゃこ》は是れ暫時《ざんじ》の伎倆《ぎりょう》、和尚乱《みだ》りに某甲《それがし》を印すること莫《な》かれ）」
如浄「いや、安易に証明したのではない（吾れ乱りに儞《なんじ》を印せず）」
道元「安易に証明したのではないとは、どういうことでしょうか（如何なるか是れ乱りに印せざる底《ところ》）」
如浄「ほんとうに身心脱落したということが、わしには分かるのじゃ（身心脱落）」

＊作麼生……「いかに、どうなのか」の意。疑問の意を表す中国宋代の俗語。

これが、いわゆる道元禅師の悟りでありました。この悟りの内容については、あらためて詳しく述べることにいたします。

ところで、『正法眼蔵随聞記』（巻二）には、如浄が厳しく修行僧を指導していた様子が語られています。

先師天童浄和尚住持の時、僧堂にて衆僧坐禅の時、眠《ねむり》を警《いましむる》に、履《はきもの》を以て是を打《うち》、謗言呵責《ぼうげんかしやく》せしかども、僧皆被《ルル》レ打《タ》ことを喜び、讃歎《さんたん》しき。

或時又上堂の次《つい》でには、常に云《ク》、我已《すで》に老後の今は、衆を辞し、庵に住して、老《おい》を扶《たすけ》て居るべけれども、衆の知識として、各各迷を破り、道を助けんが為に住持人たり。因《テ》レ是《ニ》、或は呵責の言《ことば》を出《いだ》し、竹篦打擲《しつぺいちようちやく》等の事を行ず。是頗《すこぶる》、恐《おそれ》あり。然《しか》れども、代《リ》レ仏《ニ》揚《グル》レ化《ヲ》儀式なり、諸兄弟《ひんでい》、慈悲をもて是を許し給へと言《いわ》ば、衆僧流涕《るてい》しき。如《キ》レ是《ノ》心を以てこそ、衆をも接し、化をも宣《のぶ》べけれ。住持長老なればとて、猥《みだ》りに衆を領《りよう》じ、我物に思うて呵責するは非也。況《いわんや》其人に非《あらず》して人の短を謂《いい》、他の非を謗《そ》しるは非也、能能《よくよく》用心すべき也。

〈亡くなった師匠の天童如浄和尚が天童山の住職の時、僧堂で多くの僧が坐禅を行っていた時、僧が居眠りしているのを戒めるために、履き物で打ち、謗《そし》り叱ったけれども、僧たちは皆、打たれることを喜び、賛嘆したものであった。

ある時、また上堂（法堂《はっとう》での説法）の時に、常に言われた、「私はすでに年老いているので、皆と一緒に修行することは止め、庵に住んで、老後を養っているべきであるが、皆の指導者として、それぞれの迷いを打ち破り、悟りが得られる手助けをしようと、住持を務めている。そのようなわけで、ある時は厳しく叱ったり、竹篦（竹の棒）で打ち叩いたりするなどのことを行っている。これはまことに心苦しいことである。しかしながら、仏に代わって教え導く儀式なのである。皆よ、慈悲の心で許してもらいたい」と言われたので、僧たちは皆、涙を流した。このような心をもってこそ、僧たちに教え指導することができるのである。

住持・長老であるからといって、むやみに皆を支配し、自分の所有物のように思って叱るのはよくない。まして、その立場（指導する立場）にないものが他人の短所を言ったり、他人の間違いを批判することはよくない。よくよく心得るべきである〉

厳しい指導ではありましたが、如浄には、厳しさとともに、大いなる慈悲がありました。このような慈悲の心をもって指導してこそ、修行僧は師にしたがってゆくものです。自分の配下と思って叱り責めるのは、真《まこと》の師のあり方ではないと言われるのです。

さて、道元禅師が中国において、如浄より受けた教えを記録した『宝慶記《ほうきょうき》』を見ますと、後半に坐禅に関する如浄の教えが多く見られます。そこからは道元禅師が「坐禅は身心脱落なり」と確信するに至る過程をうかがうことができます。

道元禅師は、如浄の言葉を信じ、ひたすら厳しい坐禅の修行を続け、そして、しだいに坐禅こそが悟りにほかならないという思いを深めてゆきます。そしてついに「坐禅こそが正伝《しょうでん》の仏法であり、坐禅こそが身心脱落の行そのものである」という確信を得るのです。

確固たる正しい信（信心）の決定《けつじょう》です。道元禅師は自らそれを明らかにし、生涯を貫くべき揺るぎない信を持ち、そして如浄はそれを知って証明をあたえたのでした。

道元禅師の主著である『正法眼蔵』に「梅華」の巻があります。この巻は、梅華にちなんだ如浄の言葉を道元禅師が解説したものですが、このなかで道元禅師は、如浄をたたえ、如浄と出会えたことを歓喜し、そして自らが如浄の仏法を嗣《つ》ぐことができたことを無上の喜びとしていることがうかがわれます。

雪裏＊1の梅華は一現《いちげん》＊2の曇華《どんげ》なり。日頃はいくめぐりか我仏如来《わがぶつにょらい》の正法眼睛《しょうぼうがんせい》＊3を拝見しながら、いたずらに瞬目《しゅんもく》＊4を蹉過《しゃか》＊5して、破顔《はがん》＊6せざる。而今すでに雪裏の梅華まさしく如来の眼睛なりと正伝し、承当《じょうとう》＊7す。（『正法眼蔵』）

＊1雪裏…雪のなか。　＊2一現…かけがえのないものとして現れる。　＊3眼睛…ひとみ。　＊4瞬目…まばたき。釈尊と弟子の摩訶迦葉《まかかしょう》との故事による。　＊5

蹉過…うっかり見過ごす。＊6破顔…ほほ笑む。＊7承当…しっかり受け止める。

〈雪のなかに咲いた一輪の梅の花こそ、三千年に一度しか花を開かないという優曇華《うどんげ》であった。これまで毎年、この梅の花を見ながら、それがまさに釈尊の説法であることに気づくことがなかった。その昔、釈尊が花をつまんで、瞬《まば》きしたときに、迦葉尊者《かしようそんじや》ただ一人が、その心をさとって、にっこりとほほえんだというが、私はただ茫然《ぼうぜん》と、釈尊のまばたきにも似た梅の花の説法を見すごして迦葉尊者のように、にっこりとほほえむことができなかった。しかし、今すでに如浄禅師に出会い、教えを受けて、雪のなかに咲いている一輪の梅の花が、まさしく釈尊が瞬きされた眼《まなこ》であると正しく伝受し、しっかりと受け止めることができた〉

雪のなかに咲く梅の花を、これまでは、ただの梅の花と見ていたのですが、如浄の教えを受けて、「なんと、この日頃見ていた梅の花が、三千年に一度花咲くという優《う》曇華《どんげ》だったのか」と気づくことができたのです。何げない梅の花が「それ見よ、それ見よ」と仏法を説きぬいていたのだと覚ったのであります。

「正伝の仏法を体得して、梅の花を優曇華と見ることができた」、つまり「ほかならぬこの自分こそ仏であるということを知り、この自分を仏として行じつづけてゆく道を見つけることができた」、そういうことをここで言っているのでありましょう。

道元禅師にとって、如浄との出会いは、まさに「一現の曇華」であり、三千年に一度咲くといわれる優曇華を目の当たりにすることでありました。それほど、如浄との出会いは、希有《けう》な、ありがたいことであったのです。

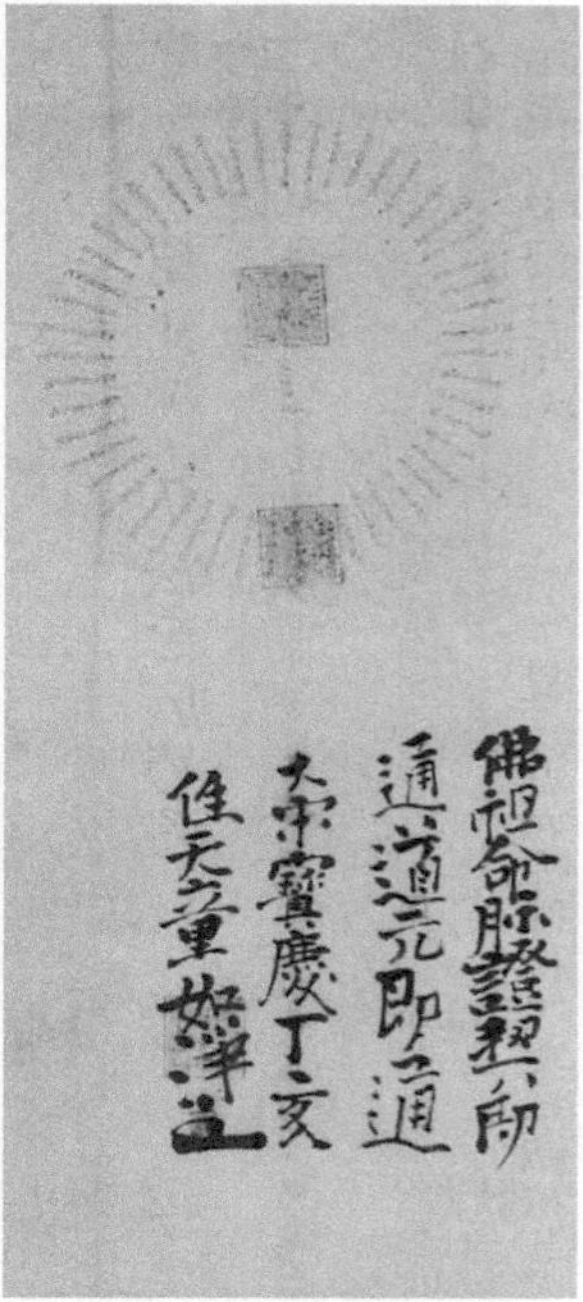

嗣書《ししょ》（大本山永平寺提供）。道元禅師が師の如浄から仏法相伝の証として授けられた法脈図。上段に52人の法灯相続の仏祖名が道元禅師自筆により円形に記され、下段には「仏祖命脈、証契即通」の証文書と捺印がある。

第4章　仏法を広める

帰国

中国の宝慶《ほうきょう》三年（一二二七）夏、道元《どうげん》禅師はすでに嗣法《しほう》し、如浄《にょじょう》の認める後継者の一人となっていました。嗣法というのは、いわゆる免許皆伝であり、その証明を受けていました。しかしながら、なお道元禅師は如浄の側に仕えていました。

この頃、如浄は、もうかなり老衰し、余命いくばくもない状態でしたが、道元禅師は帰国を決意されました。師の遷化《せんげ》（高僧が亡くなることをいう）を看取《みと》ってから帰国することもできたでしょうし、道元禅師もそれを望んだと思うのですが、如浄は道元禅師に一日も早い帰国を勧めました。

道元よ、早く日本に帰って、正伝《しょうでん》の仏法を広めるのだ。（『行状記《ぎょうじょうき》』）

これが、真の師の言葉であり、仏祖の思いでありました。如浄にとって、道元禅師に看病してもらったところで、どうなるものでもなかったのです。それよりも、一日も早く日本に帰って、仏祖の正しい教えを広めること、それこそが如浄の願いでした。道元禅師は、師の思いを知り、帰国を決意したのです。

時に如浄の弟子、寂円《じゃくえん》が寧波《ニンポー》の港まで見送ってきました。寂円は、道元禅師とともに日本へ渡ることを希望しました。しかし道元禅師は、

如浄禅師はずいぶん老衰されて、遷化《せんげ》はもう遠いことではありません。あなたは天童山に帰って、如浄禅師の側にお仕えしていただきたいのです。如浄禅師がお亡くなりになるようなことがあれば、そのときは、すみやかに日本に来られたらよろしいでしょう。

（『宝慶寺由緒記《ほうきょうじゆいしょき》』）

と言って、寂円を天童山に戻しました。それからまもなくの七月十七日、如浄は遷化し、道元禅師は、すでに帰国の途上にありました。

帰国後まもなく、道元禅師は、『普勧坐禅儀《ふかんざぜんぎ》』を著しました。この書は、如浄より教えられた正しい坐禅を説き明かすとともに、具体的な坐禅の作法を示して、人々に坐禅を行うことを勧めたものです。

正伝の仏法における坐禅は、悟りを得るための坐禅ではない。ただ、これは安楽の法門である。菩提《ぼだい》を究め尽くす修証である。（『普勧坐禅儀』）

道元禅師は、あまねく人々に坐禅を勧めました。ここで勧められる坐禅の大きな特徴は、「習禅」（悟りを目的とした修行としての坐禅）ではなく、「安楽の法門」としての坐禅でした。

当時、坐禅というと一般的には、悟りを得ることを目的とした修行であり、その一つの方法であると思われていました。道元禅師は、あまねく人々に坐禅を勧めるにあたり、そのような誤解を正さなければならなかったのです。なぜなら、自ら中国に渡り如浄より伝えられた正伝の仏法における坐禅はそうではなかったからです。坐禅は悟りを得るための苦行ではなく、安楽の行であり、さらに言えば悟りの行であり、仏の行であったのです。

興聖寺を開く

このような坐禅を人々に勧め、正しい仏法を国中に広めたいとの強い願いを持った道元禅師は、帰国の翌年、安貞《あんてい》二年（一二二八）、京都に入り、建仁寺に身を寄せてその実現を図りました。しかし、その願いを実践することは容易なことではありませんでした。

かつて栄西は、純粋な禅の教えを日本に広めようと志しながら、当時の仏教界との軋轢《あつれき》を避けて、天台や真言の教えの布教も兼ね備えた道場を開きましたが、そのような妥協をまったく考えなかった道元禅師にとって、禅の流れを汲《く》む「正伝《しょうでん》の（正しく伝えられた）仏法」の布教は非常に困難であり、まさしく浮き草に寄るように、縁あるところに身を寄せなければなりませんでした。あちこちに仮住まいする苦難の数年を過ごさなければならなかったのです。寛喜《かんぎ》二年（一二三〇）には深草《ふかくさ》極楽寺の別院安養院《あんよういん》に移りました。

そのような雲遊萍寄《うんゆうひょうき》（雲の流れるごとく、浮き草の漂うごとく）の生活のなかでも、道元禅師は、自ら伝えた教えを明らかにし、それを人々に伝えようと、寛喜三年（一二三一）に、『弁道話《べんどうわ》』を著しました。

修行と証《さと》りが一つではないというのは、外道《げどう》（仏教以外の教え）の考え方である。仏法では、修行と証りは一つであると教える。証りのうえの修行だから、初心者の修行が、そのまま証りの全体である。すでに修行が証りだから、証りに終わりはなく、証りのうえでの修行だから、修行に始めはない。（『弁道話』）

先の『普勧坐禅儀』が坐禅の作法・心得を中心に示されたのに対し、『弁道話』は坐禅に関する十八の設問自答を通して、正伝の仏法における坐禅の意義を明らかにしたものです。

腰を据えた布教の拠点のない道元禅師でありましたが、それでも、まことの道理を諸処で語る道元禅師の名声は、月日を追って高まり、在俗の信者もしだいに増え、ついに六年の歳月を経た天福《てんぷく》元年（一二三三）、京都深草の極楽寺の旧蹟《きゅうせき》に、観音導利《かんのんどうり》興聖宝林寺《こうしょうほうりんじ》（興聖寺）を開くことになったのです。

次に挙げるのは、興聖寺で行われた有名な説法です。

上堂。山僧歴二叢林一不レ多、只ダ是レ等閑ニ見エテ二天童先師ニ一。当下ニ認二得シテ眼横鼻直ナルコトヲ一、不レ被レ二人ニ瞞ゼ一。便乃《すなわち》空手ニシテ還ルレ郷ニ。所以ニ一毫モ無シ二仏法一。任運ニ且ク延ブレ時ヲ。朝朝日ハ東ヨリ出デ、夜夜月ハ沈ムレ西ニ。雲収テ山骨露レ、雨過テ四山低シ。……三年逢イ二一閏ニ一、鶏ハ向二五更ニ一啼ク……。

（『永平元禅師語録《えいへいげんぜんじごろく》』）

〈私は、宋の国において、（正しい師を求めて）叢林《そうりん》（修行道場）を巡り歩いた。そして、たまたま如浄禅師にお逢《あ》いすることができて、如浄禅師のもとで、確かな仏法を明らめることができた。確かな仏法といっても、実は、眼は横に並び、鼻は縦にくっついているというような、あたりまえのことであった。この、あたりまえの仏法を会得して、それ以後は、誰にもだまされることのない確かな落ち着きどころを得て、そして、まさに空手《くうしゅ》で（手に何も持たずに）、この身一《ひと》つで日本に帰ってきた。だから、（何か特別な）仏法などというものも一欠片《かけら》もないし、その実践といっても、ただ過ぎるままに時を過ごすだけだ。毎朝、太陽は東から昇り、毎晩、月は西に沈む。雲が晴れ上がると、山並みが現れ、雨が通り過ぎると、あたりの山々は低い姿を現す。……三年が過ぎると閏《うるう》年に逢い、鶏は早朝に鳴くものである（そのほかに何か特別な仏の教えがあるのではない）〉

道元禅師が京都の深草に興聖寺を開いた翌年には、のちに道元禅師のあとを嗣《つ》ぐ懐《え》奘《じょう》（一一九八～一二八〇）が参随（入門）しました。懐奘は、達磨宗《だるましゅう》の宗徒でしたが、道元禅師と法論を交わすうちに、その教えが「まことの仏法」であると信受し、道元禅師の一番弟子となり、修行僧のリーダーとなっていました。

次に挙げたのは、道元禅師と弟子の懐奘の問答です。

道元「世俗の人でも、いろいろのことを学んで、そのいずれも中途半端であるよりも、たった一つのことでもいいから、人前で胸を張れるほどに学ぶことが大切である。それは仏法を学ぶ人も同じで、必ず一つのことをもっぱらにすべきである」

懐奘「それでは、仏法においては何をもっぱら好んで行うべきでしょうか？」

道元「何をもっぱらにしたらよいかは、それぞれの人の能力に応じて定めるべきであるが、私が中国の如浄禅師より伝えた仏法の門下において、もっぱら勤めるべき行は坐禅である。坐禅は、生まれつきの能力の区別なく、みなが修行することのできる修行法である」

懐奘「坐禅を修行するうえで、大切なことは何でしょうか？」

道元「坐禅の基本的あり方は、『仏になろう』と求めないことだ。坐禅をすることが仏を行うことであり、坐禅をしているその人が仏なのである」

懐奘「ところで、古人の語録を読んだり、公案（古人の禅問答）を工夫したりすることは無用なのでしょうか？」

道元「公案を学ぶことによって、少しばかり分かったような気持ちになることもあるが、それはかえって仏の道から遠ざかることになる。所得を求めず、悟りを求めず、坐禅をして時を過ごすことが、そのまま仏の道である。公案を学んで悟りを開いたという人もいるが、実際は坐禅の功徳《くどく》によって悟りを開いたのである。ほんとうの功徳は坐禅することにある」

また、弟子たちとの次のような問答も残されています。

僧「私は病弱であり、力量もないので、仏道を学ぶには耐えられません。ですから、仏の教えの肝心かなめのところを聞いて一人隠居生活し、命を大事にして病気療養をしながら一生を終えたいと思います。そんな生き方もよろしいのでしょうか?」

道元「昔の仏祖（釈尊とその教えを受けついだ歴代の高僧）方も、みな必ずしも筋金入りの強い身心の持ち主ではなかった。また古人がみな、特に優れた素質があったのでもない。しかし、自分を卑下して道心を起こさなかったり、力量がないからといって修行しなかったものはない。この世で修行しなかったら、いったい、いつの世に生まれ変わって、力量のある病のない人になるというのか」

僧「私は生まれつき鈍根（才智が乏しいこと）で、そのような仏道を歩むことは無理であると思います」

道元「そんなことはない。生まれつき鈍根で力量がないということはない。鈍根というのは志が至らないとき、つまり仏道を求める志がまだできていないときのことを言うのだ」

このように、中国から純粋な禅の教えを確かに伝え、また、現実の生き方の問題に関するさまざまな質問に対しても明快に答える道元禅師の名声は、ますます上がり、多くの僧侶《そうりょ》や一般の信者が集まりました。伝記によれば、修行僧は五十人を超え、受戒（仏の戒律を受けること）の僧俗（僧侶と俗人）だけでも二千人を超えていたといわれます。

比叡山の圧迫

道元禅師は、その教えを世に打ち出す好機を迎えていました。このことは、国中に正しい仏法を伝えたいと願う道元禅師にとって、何よりの喜びでしたが、一方で、比《ひ》叡山《えいざん》からより強い圧迫を受けていました。

比叡山は、自らのよりどころとする天台宗のほかに、新しい宗旨（宗派）や信仰の興ることを警戒し、すでに念仏宗《ねんぶつ》の布教を停止させ、さかのぼる建久《けんきゅう》五年（一一九四）には、大日能忍《だいにちのうにん》の達磨宗や、栄西《えいさい》の禅宗の停止を朝廷に奏請《そうせい》（天皇に申し上げて裁可を願う）し、達磨宗の能忍は、京都にいられなくなって多武峯《とうのみね》（奈良県）に逃れ、その後、非業の死を遂げていました。道元禅師や興聖寺《ちょうじ》とて、例外ではなかったのです。比叡山の執拗《しつよう》な圧迫が続けられていました。

道元禅師は、時に、京都六波羅《ろくはら》の檀越《だんおつ》(施主)、波多野義重《はたのよししげ》の私宅におもむいて説法もしました。

生とは、たとえば人が船に乗っているときのようなものです。この船は、私が帆を使い、舵《かじ》を取り、棹《さお》をさしているとはいえ、船が私を乗せているのですから、船のほかに私はありません。(しかし)私が船に乗り、私がこの船を船ならしめています。このときのことをよく考えてみてください。まさにこのときは、この船が全世界です。大空も大海の水も彼方《かなた》に見える岸も、船の時とともに移り変わってゆきます。このように、私が生を生ならしめ、生が私を私ならしめているのです。船に乗っているとき、私も、私を取り巻く環境も、船の働きのなかにあります。生である私、私である生、それはこのようであるのです。

(『正法眼蔵』「全機」)

波多野義重はじめ、武家たちは、道元禅師の説法を、難しいと思いながらも、何やら心に響くものを感じていたに違いありません。決して太平の世ではないこの時代に、つねに生と死の狭間《はざま》にいた武士たちにとって、神仏の加護、あるいは魂のよりどころが必要であったはずです。道元禅師は、間違いなく、彼らのよりどころになっていました。彼らは、そのような道元禅師を支え、その僧団を助けようとしてくれました。比叡山の圧迫が激しさを増した寛元《かんげん》元年（一二四三）夏、道元禅師の身にも危険が迫っていました。すでに、そのような状況を見てとった波多野義重は、越前《えちぜん》（福井県）の自領への移住を勧めたのです。道元禅師にとって、もうそれしかありませんでした。

と同時に、道元禅師の脳裏には、

お前はずいぶん若いが、年老いた高僧のような優れた風貌《ふうぼう》がある。山深く修行して仏祖の踏み行われた行いを実践しなさい。必ずや道が開けるであろう。

（『宝慶記』）

という師の如浄の言葉が思い出されたに違いありません。

道元禅師は、興聖寺を弟子に任せ、十数年の歳月を過ごした京の都をあとにし、寛元元年七月、越前の地に移りました。時に、四十四歳でした。

越前山中に永平寺を開く

越前山中に移った道元禅師ら一行には、過酷な日々が待ち受けていました。波多野義重の外護《げご》（庇護《ひご》）があったとはいえ、気候、習俗等も違い、華やかな都とかけ離れた越前の山里での一からの再出発でした。しばらく、吉峯寺《きっぽうじ》という古寺に身を寄せることになりましたが、その修行生活は、予想以上に厳しいものでした。

この年の冬はことに雪が深く、寒さも厳しいものであったといわれます。住み慣れない地で、厳しい冬を乗り切ることは、すべての修行僧にとって、つらい試練の時期でした。ことに苦難であったのは、大衆《だいしゅ》（多くの僧たち）の食料の供給でした。当時、道元禅師に付きしたがって越前に移った門下は十数人であろうかと思われますが、これらの修行僧の「食」をつかさどることは、想像以上にたいへんなことであったでしょう。

門下のなかに義介《ぎかい》（一二一九〜一三〇九）がいました。義介は越前の出身で、十三歳のときに、越前の波著寺《はじゃくじ》で、達磨宗の懐鑑《えかん》に就いて得度し、達磨宗の崩壊にあたり、仁治《にんじ》二年（一二四一）に興聖寺の道元禅師のもとに入門していました。義介は、越前出身でしたから、知人も多く、生活環境も周知しており、道元禅師は、当然のことながら、義介を最も頼りにしていました。

道元禅師は、この義介に典座《てんぞ》を任せました。典座という役職はたいへん重要な役職で、先に述べましたように、中国では、大力量の長老が務めていた要職でした。義介ものことを知っており、ありがたくこの職を引き受け、よく務めました。

義介は、修行僧の食事を準備するために、毎度、八町（約九百メートル）の曲がり坂を、桶《おけ》を担いで何度となく上下しました。深雪の冬には、その辛苦はなおさらのことであったと思われます。

寒さ厳しく、衣類乏しく、食の満たされない越前の地の山奥の粗末な寺で、道元禅師は門下に何を説いたのでしょう。

厳しい寒さのなかで道元禅師は、

寒さを恐れてはいけない。寒さが人間をダメにするのではない。寒さが修行を妨げるのではない。寒さにくじけて修行を怠ることが、人間をダメにするのだ。暑さも同じだ。暑さが人間をダメにするのではない。暑さに負けて、怠惰になることによって、堕落してゆくのだ。修行を怠ること、このことを恐れなさい。

（『正法眼蔵』「行持」）

と語ったに違いありません。そして何もなく貧しい弟子たちに対して、

仏道を行ずる者は、特に貧しくあるべきである。世のなかの人を見るに、財産

があると、人はこれを奪い取ろうと思うし、自分は奪われまいと頑張る、そこに苦悩が生じる。貧しくて、しかも貪《むさぼ》りの心がなければ、これほど安楽で、自由自在なことはない。今の我々がそうではないか。

（『正法眼蔵随聞記』巻四）

と励ましたでしょう。また、食べ物が不足して空腹と闘う弟子たちに対し、

仏道を行ずる者は、衣服や食べ物を貪ってはいけない。人にはそれぞれ一生に備わった食べ物の分量、すなわち「食分《じきぶん》」があり、与えられた寿命がある。分を越えた食べ物や寿命を求めても得られるものではない。……しかし、出家の僧には、仏道を行ずるための命や、「食分」が備わっているのだ。それは釈尊が、自ら百年ある寿命を二十年縮めて、後代の仏弟子のために残された恩によるもので、我々がどんなに頂いても尽きることがないのだ。だから出家人たる者は、仏道修行をもっぱらにすべきで、衣類や食べ物を貪ってはならない。

（『正法眼蔵随聞記』巻一）

と戒めたと思われます。

僧侶というものは、袈裟《けさ》一枚と、応量器（僧侶の用いる食器）一箇のほかは財産を

持たないものです。衣類や食べ物を貪らず、貧乏であることこそが僧侶のあり方であり、仏道に親《ちか》しいと道元禅師は言います（『正法眼蔵随聞記』巻四）。また、修行道場というものは、大勢の修行僧がいれば盛んであり優れているというわけではなく、わずかな人数でも、真剣に仏道を修行している者がいれば、それを大いなる修行道場という（『永平広録』巻二）と言っています。まさに道元禅師と弟子たちの修行道場は、大いなる道場でありました。

そんななか、越前に移った道元禅師の僧団は、波多野義重の外護を得て、しだいに修行道場の伽藍《がらん》をととのえていきました。

この間も『正法眼蔵』の撰述《せんじゅつ》・示衆（説法）を続けながら、同時に、中国の天童山にも模した本格的な叢林の建立に向けて準備が進められ、ついに寛元二年（一二四四）には大仏寺《だいぶつじ》が誕生するのです。この、本格的な修行道場の建立は、道元禅師の永年の悲願であったと思われます。寛元四年（一二四六）六月には、永平寺《えいへいじ》と改称され、ここに名実ともに、正伝の仏法を宣揚し実践する礎が築かれ、教団（僧団）が確立し、さらに拡充が図られてゆくのです。

第5章　正伝の仏法ひとすじに

永平寺での修行

永平寺《えいへいじ》においては、きわめて綿密な行持《ぎょうじ》（仏道修行）が行われていました。道元《どうげん》禅師は、日常生活におけるすべての行いが修行であり、その修行は、悟りを開くための手段ではなく、大切なかけがえのない行為であると説きました。

たとえば、何か世のため人のためになる「善い行い」をしたとします。その場合その行いを行うことによって、いずれ「善い人」となるというのではないのです。その善い行いをしているその人自身が、「善い人」なのです。

同様に、正しい行いを行って、やがて仏になろうというのではないのです。その正しい行いを行っている人が、実は仏であるのです。

厳密に申しますと、真実の仏というのは、すべての行いが仏のあり方をしている完成された人格を言いますので、この段階は真実の仏とは言えません。しかし、すべてとはいかなくても、仏のまねをして、少しでも仏のような生き方を身につけようと努力する人を仏弟子、つまり仏の弟子というのです。それが仏教の修行者です。

善い行いをして仏になるのではなく、善い行いをしている人は、仏のあり方を現しているのです。仏のように素晴らしい行いをしている人を仏というのです。たとえば、「物を盗む」という行為を重ねていって泥棒になるのではありません。一度でも物を盗めば、立派な泥棒であるわけです。そこには一人前と半人前の差があるだけです。同様に、坐禅《ざぜん》という修行によって「仏になる」という結果を求めるのではありません。坐禅という修行が仏を現しているのです。

とにかく仏のような立派な生き方をするように努力することが大切です。ですから、仏によって定められた決まりを守って生きるということが必要になるのです。だからこそ、道元禅師は、一つ一つの威儀作法を仏祖が行ってきた作法にしたがって大切に行うべきであるとしました。

一例を挙げれば、洗浄（身を清める）という、さまざまな営みについて、この身体を清めるということは、仏の大切な行いであるとしたのです。そして、その行為は私たちの身体が汚れているから行うのではなく、まさに仏が行ってきた道であり、正しい生活のあり方であるから行うのであり、そして、「清める」ということは、単に自らの身体を清めるだけでなく山河大地といった大自然をも清めることであると示しました。

ゆえに、髪を剃《そ》り、爪を切り、顔を洗い、歯を磨くことなどの大切さを教え、食事の作法や、洗面、排泄《はいせつ》の作法に至るまで、経典（律）にもとづいて、詳細に説き明かし、その実践が行われたのです。

まさに永平寺では、一瞬一瞬を大切に、真剣に生きる、綿密な修行が続いていました。

道元禅師は、『正法眼蔵随聞記』（巻一）で、

身体的な威儀・作法を身につければ、心も自ずとそれにしたがってあらたまりよくなるものである。

と示していますが、自分自身の身体を、仏の身体とし、仏の行われた行いをそのまま行うことによって、心もしだいに仏の心に近づいてゆくと言っています。

また、『正法眼蔵』「菩提薩埵四摂法《ぼだいさったししょうぼう》」の「同事《どうじ》」に、

他をして自に同ぜしめてのちに、自をして他に同ぜしむる道理あるべし。

と示しますが、仏は他（衆生《しゅじょう》）を自分と同じようにさせ（仏としてのあり方を行わせ）、そののちに衆生のなかに同化してゆく。すなわち衆生の側からみれば、仏たちが行ってきた行いをまね行うことにより、自《おの》ずと身心ともに仏そのものとなっていくと言っています。

通常、仏というものは他（衆生）のなかに飛び込み、まず自分を人々と同化させて、そのなかで周囲に感化を与えながら、しだいに人々を仏へ導いていくとされますが、道元禅師は、逆のことを言っています。私たちの側から、仏の世界に飛び込むべきことを説いているのです。

現代人の多くは、別にかたちなんか……と思うかもしれませんが、かたちがととのってこそ、心もととのうものです。これが道元禅師の立場であります。坐禅をするのも仏をまねるのです。仏のまねをするのです。だからこそ、そこに人間の欲求や思惑を持ち込んではいけないのです。永平寺においては、このような、仏の教えにのっとった綿密な行持が行われ、まさに、一瞬一瞬を、大切に、真剣に生きる修行が続いていました。自分たちを仏に同化させる行であったのです。

鎌倉下向

永平寺でひたすら修行生活を送る道元禅師のもとに、思わぬ知らせが届きました。

波多野義重《はたのよししげ》より、鎌倉《かまくら》へ下向《げこう》してくれないかとの要請でした。

関白家の出身で、いのちがけで入宋《にっそう》を果たし、中国から新しい禅の流れを汲《く》む仏法を伝えた道元禅師の名声は、鎌倉の執権・北条時頼《ほうじょうときより》にも伝わっていたと思われます。時頼は、波多野氏と道元禅師との深いつながりを知り、鎌倉へ呼ぶように要請したのでしょう。道元禅師は波多野氏の立場を察して鎌倉下向を決意しました。

宝治《ほうじ》元年（一二四七）八月、道元禅師は永平寺を発《た》ち、翌年三月に帰山するまで、約半年、鎌倉に滞在しました。宝治元年四月には、三浦《みうら》氏が前将軍の藤原頼経《よりつね》を擁して復権をもくろみ、北条氏によって一族みな殺しになるという事件（宝治合戦）が起き、鎌倉は武家の勢力抗争の修羅場となっていました。そんな政情の冷めやらぬ鎌倉での滞在の日々は、仏法を広めるという志に支えられてはいたものの、苦痛をともなうものであったに違いありません。

道元禅師にも、この鎌倉行きを契機に正伝《しょうでん》の仏法を天下に広めたいという願いがあったかもしれませんが、結局それは、実りあるものではなかったようです。かえって、正伝の仏法をあまねく広めることの困難さを知ったのかもしれません。

宝治二年春、道元禅師は鎌倉を離れ、三月十三日、永平寺に帰りました。翌朝、道元禅師は、弟子たちにこう語っています。

山僧昨年八月初三日、出山赴相州鎌倉郡、為檀那俗弟子説法。今年今月昨日帰寺、今朝陞座。這一段事、或有人疑著。渉幾許山川、為俗弟子説法、似重俗軽僧。又疑、有未曾説底法、未曾聞底法乎。然而都無未曾説底法、未曾聞底法。只為他説修善者昇、造悪者堕、修因感果、抛塼引玉而已。雖然如是、這一段事、永平老漢明得説得信得行得。大衆要会這箇道理麼。良久云、尀耐永平舌頭、説因説果無由。功夫耕道多少錯。今日可憐作水牛。這箇是説法底句、帰山底句作麼生道。山僧出去半年余、猶若孤輪処太虚。今日帰山雲喜気、愛山之愛甚於初。

〈私は昨年八月三日に、永平寺を出発して相州鎌倉郡に行き、檀那《だんな》（檀家）俗弟子のために説法をしてきた。そして昨日帰ってきて、今朝こうして法座（仏法を説く場所）に陞《のぼ》っている。この鎌倉行きを、ある者は、「いくつもの山を越え谷を越えて、はるばる鎌倉まで行って俗弟子のために説法するということは、俗人を重んじ僧侶を軽んじるものではないか」と。また、ある者は、「いまだかつて説いていない教えや、我々が聞いていない教えがあったのだろうか」と疑っているかもしれない。しかしながら、特別な教えを説いてきたのではない。ただ、俗弟子たちに、「善を行った者は天上界に昇り、悪事を行った者は地獄に堕ちる」、つまり原因と結果は明らかであるから、悪事を行うことをやめて善事を行うことを説いてきただけである。そうではあるが、この鎌倉行きをとおして私には、明らかにし、説き、信じ、行うことができたことがある。皆よ、その道理を知りたいだろうか。（しばらくして言われた）

お笑いごとであるが、私はただ因果（は歴然であること）を説いてきた。修行を誤ったのか、あわれなことに水牛となってしまった。

いま言った一句は、鎌倉で何を説法してきたかについての言葉である。永平寺に帰ってきた記念の一句は何と言ったらよいだろうか。

私が永平寺を留守にして鎌倉にいた半年あまりは、大空に孤独なまるい月がぽっかりと浮かんでいるようであった。今日、永平寺に帰ってきて、雲が喜んでいるような気配を感じ、山を愛する想いが以前にも増して甚大である〉（『永平広録《えいへいこうろく》』巻三）

「お笑いごとであるが、私はただ因果（は歴然であること）を説いてきた。修行を誤ったのか、あわれなことに水牛となってしまった」というところの原文は、「叵耐《ほない》永平舌頭、説因説果無由。功夫耕道多少錯、今日可憐作水牛」です。

「水牛となる」というのは、潙山霊祐《いさんれいゆう》（七七一～八五三）の「水牯牛《すいこぎゅう》」の故事を踏まえたもので、衆生済度《しゅじょうさいど》（人々を救うこと）を示したものと思われます。衆生を救うために「因果歴然」を説いてきたというのです。因果歴然とは「原因と結果は明らかである」ということですが、つまりは「悪事を行うことをやめて善事を行え」ということです。しかしそれは、仏教の基本であって、道元禅師の仏法は、それをはるかに超えたものでありました。ですが、その道元禅師の教えの極意はとうてい人々に理解できるものではなく、また受け入れられるものではありませんでした。だから道元禅師は、ただ仏法の基本を説いてきたと言うのです。

精神世界の荒廃した鎌倉の武家社会で、道元禅師の深遠な教えは受け入れられるような状態ではなかったのでしょう。それ以前に、仏法の基本的な道理である「因果の道理」を説くことが必要だったのです。因果は歴然であって、悪事を行った者は地獄に堕《お》ち、善を行った者は天上界に昇ると。だから、争いはいけないと。

永平寺に帰ってきたときの説法内容からは、そんな、あたりまえの道理を説かなければならなかった道元禅師の無念さが伝わってきます。

道元禅師が鎌倉に滞在中に著したとされる『鎌倉名越白衣舎示誡《なごえびやくえしやじかい》』のなかの大臣蔵《ぞう》徳《とく》の言葉に、出家の法と王法《おうほう》（政治）とを分け、「出家の法は、乃至蚊蟻も殺さばまた罪あり」（原漢文）と出てまいります。道元禅師は、時の権力者であり「宝治合戦」等の争いのなかで多くの人命を殺傷した執権・北条時頼に対し、あるいはその膝元《ひざもと》の関係者に対し、因果応報を面と向かって説くことができなかったかもしれませんが、出家の法においては因果歴然であるから、昆虫さえも殺してはならないと記しています。おそらく、三月十四日の説法に言われるとおり、出家の世界における因果歴然の教えを明白に説かれたのではないかと思われます。また、このことが、出家と王法、そして出家と権力の隔絶感をより大きなものにしていったとも考えられます。

示寂

永平寺に戻った道元禅師は、その後、自分が中国から伝えた正しい教えを継承する真《まこと》の弟子の養成を考え、力を尽くしました。

どのみちそうでしょうが、いくら大勢の弟子がいようと、自分と同等の優れた後継者を育て上げることができなければ、道はしだいにすたれてゆきます。たった一人でも、自分のすべてを受け継ぐ後継者がいれば、道は確実に保たれてゆくのです。

弟子にとっても、正しい師匠を選ぶことが大切ですが、それ以上に、師匠にとっては、ほんものの弟子を育て上げることが大切なのです。ほんものの弟子を得たとき、師匠は「これでわしも死ねる」と言うのです。

真剣に師を求める弟子と、ほんものの弟子を育てようとする師、その出会いによって仏教は代々伝わってきたのです。今の世では、そのような師や弟子は少なくなりました。それは、他の職業においても言えることかもしれません。

さて、道元禅師は鎌倉から帰ったあと、永平寺を離れることなく、弟子たちに教えを説き、ともに修行しました。道元禅師にとって最も幸せな時期であったと思われます。

建長《けんちょう》五年（一二五三）、道元禅師の身体は、弟子たちへの熱心な説法や、昼夜にわたる法語（『正法眼蔵』等）の撰述《せんじゅつ》、厳しい修行のなかで、しだいに衰弱し、病気に侵されていました。この年の夏、道元禅師の病気はさらに重くなり、弟子の懐奘《えじょう》は看病の日々を送っていました。

道元禅師の晩年の様子をつづった『御遺言記録《ごゆいごんきろく》』によれば、道元禅師は懐奘に、
私は、日頃の説法においては、……仏法を説き明かすということにおいては、まったく区別なく、すべての者に、ありのままの仏法を説いてきた。何か秘密にする教えとか、特定の者にしか教えないような特別な教えは、仏法においては、ない。それは日頃、みなに話しているとおりである。……ただ、秘密のことや、特別に伝えることがあるとすれば、寺の住持（住職）としての心得であるとか、住職としてすべき行持の作法であるとか、寺院の運営の仕方であるとか……、あるいは、嗣法し、法を伝えるときの次第・作法、菩薩戒を授けるときの作法のこ

とである。そのようなことについて、語り、伝えたのはお前だけであり、いまだ他の者には説いていない。これらは法を伝えた者でなければ、たやすく伝授しない。

と語り、永平寺や僧団の今後を弟子の懐奘に託しています。

また、弟子の義介には次のように語っています。

今生《こんじょう》（この世に生きている間）の寿命は、この病気できっと最期だと思う。だいたい人の寿命には必ず限りがある。しかし、限りがあるといっても病気のまま、何もせずにほうっておくべきではない。だから、日頃、知っているように、私はずいぶん人に助けてもらい、あれこれ医療を加えてもらった。それにもかかわらず、まったく平癒しない。これもまた寿命であるから、驚き悲しんではいけない。私には、今生において、如来の仏法について、まだ明らかに知ることができなかったことがたくさんある。だが、それでも満足なのは、仏法においてまったく、邪《よこしま》な考えを起こさず、まさしく正伝《しょうでん》の仏法にしたがって、それを正しく信ずることができたことだ。その大要はこれまで日頃話してきたとおりであり、まったく異なることはない。その趣旨をよく心に留《とど》めておいてほしい。……お前は門下のなかでは先輩である。私が死んだあとでも、寺を守り、出家・在家が力を合わせて仏法を守っていってほしい。

義介に、

道元禅師の病は、その後、回復する兆しもなく、半月ほどが過ぎました。その間にも、京都の波多野氏より、「病気療養のため、ぜひ上洛《じょうらく》していただきたい」との再三の要請がありました。とうとう、懐奘を連れて上洛することを決意した道元禅師は、

あのとき（七月八日、病がさらに重くなった頃）きっと命が尽きると思ったような状態であったが、今こうして命を長らえている。そして、六波羅（波多野氏）から何度も、上洛しなさいと言ってきている。これにしたがって、たとえ命が尽きるようなことになっても、波多野殿に申し上げておきたいことなどいろいろとあり、また、あわせて、医療を加えるため、来る八月五日に上洛したいと思う。今度はどう見ても、きっと命がないと思う。たとえ病がいい方向に向かっても、今年は京に滞在するかもしれない。

と語り、義介に永平寺の留守を任せています。八月五日、道元禅師は上洛します。京

都への旅路はさぞかし、つらい旅路であったと思われます。

余談になりますが、お釈迦《しゃか》様も、死期を悟られてのち、生まれ故郷に向かって旅をされます。弟子の阿難《あなん》にささえられての苦しい旅の様子が『大般涅槃経《だいはつねはんぎょう》』に示されています。あるときは足の痛みを訴え、あるときは喉《のど》の渇きを訴えながら、故郷を目ざされます。しかし、その途中、お釈迦様はクシナガラで入滅されます。

このお釈迦様の最後の旅路と、道元禅師の京都への旅が、私には一つに重なって思われます。永平寺を決して離れまいと言われた道元禅師が死期を悟って京都へ旅立ったのは、お釈迦様を慕ってのことだったのでしょうか。

京都では、道元禅師は俗弟子の覚念《かくねん》の邸宅に滞在され、療養されました。

八月十五日の中秋には、次のような句を詠んでいます。

又《また》見んと　思ひし時の　秋だにも　今夜《こよい》の月に　ねられやはする

〈嗚呼《ああ》、また見たいものだと思っていたこの中秋の名月を、こうしてまた見ることができた。ありがたいことだ。こうして今夜の月を、いつまでも眺めていたくて今日は寝られそうもない〉

そして、建長五年（一二五三）八月二十八日（陽暦九月二十九日）、ついにお亡くなりになりました。世寿五十四歳でありました。

遺偈《ゆいげ》（辞世の句）

五十四年照第一天　　五十四年、第一天を照らし、

打箇勃跳触破大千　　この勃跳《ぼっちょう》を打して、大千《だいせん》を触破《そくは》す。

咦　　咦《いい》

渾身無覓活陥黄泉　　渾身《こんしん》もとむることなし、活《い》きながら黄泉《こうせん》に陥《おちい》るも。

〈五十四年の間、ひたすら第一天を照らし（ひとすじに仏法を求め）、飛び跳ねて宇宙の果てまで駆け巡った（正伝の仏法と巡り合った）。ああ、生きながら黄泉に陥ろうとも、もう何も求めることはない〉

道元禅師の示寂《じじゃく》後、懐奘は、永平寺を受け継ぎ、道元禅師の書き残した教えを整理し、書写・編集して、正伝の仏法を後代に伝えることに力を尽くしました。

義介は、懐奘のあとの永平寺を継ぎ、その興隆に努めました。中国に渡り、中国の

叢林の様子を視察し、これを日本に持ち帰って、永平寺を復興し、修行道場の充実を図り、瑩山《けいざん》禅師（一二六四～一三二五）を育てました。

そして、四代目の瑩山禅師に至って、道元禅師の弘法救生《ぐほうきゅうしょう》（仏法を世に広め、人々を救うこと）の思いは、みごとに花開くことになったのです。瑩山禅師が育てた素晴らしい弟子たちによって、その教団が全国に広まることになったのです。道元禅師示寂後、数十年を経て、瑩山禅師に至って、道元禅師が中国より伝えた正しい教えは、まさに全国に広まる時期を迎えたと言ってもよいでしょう。

そして今、道元禅師滅後、七百六十五年。私たちの社会は大きく変わり、日本は平和になったとは言え、世界では民族紛争が絶えることなく、また環境の悪化は、人類の存続を脅かしています。そんな現代、道元禅師の教えは、私たちを救う、かけがえのない道しるべとなってくれるでしょうか。

道元禅師の一代を振り返ってみるに、出家者としての生涯は、正法《しょうぼう》（正しい仏法）への目覚め、正法を求めての参学、正師との出会い、正信（正しい信仰）の確立、そして正伝《しょうでん》（正しく伝えられた）の仏法弘通《ぐづう》（世に広めること）の誓願と、つねに向上の道を歩んだことがうかがわれます。そのような道元禅師の真剣な生き方を、私たちは大いに学びたいものです。もちろん時代はめまぐるしく変化し、現代を生きる私たちが道元禅師と同じ生き方をすることはもはや困難です。私たちには現代にふさわしい生き方があるはずです。

その正しく生きるヒントを、次に、道元禅師の教えのなかに探ってみたいと思います。

第6章　空手還郷——あたりまえの素晴らしさ

眼は横、鼻は縦

師、於嘉禎二年丙申十月十五日、就当山開堂。拈香祝聖罷、上堂。山僧歴叢林不多、只是等閑見天童先師、当下認得眼横鼻直、不被人瞞、便乃空手還郷。所以一毫無仏法。任運且延時。朝朝日東出、夜夜月沈西。雲収山骨露、雨過四山低。畢竟如何。良久云、三年逢一閏、鶏向五更啼。久立下座。謝詞不録
（『永平元禅師《えいへいげんぜんじ》語録《ごろく》』、春秋社本『道元禅師全集』第五巻）

※「宮殿」「瓔珞」は『摂大乗《しょうだいじょう》論釈《ろんしゃく》』四の「一水四《いっすいし》見《けん》」を踏まえたもの。「水」というひとつのものも、見るものによっていろいろ見られうることを示したもので、ものごとには種々の見方があることをいう。そこから転じて、我々は自分の能力

に応じていろいろなものを見るので、そのほかにも異なった見方があることを知らなければならないというのである。

師、嘉禎《かてい》二年丙申《ひのえさる》十月十五日に、当山開堂に就《つ》いて、拈香《ねんこう》*1祝聖《しゅくしん》*2罷《おわ》って、上堂《じょうどう》*3す。「山僧《さんぞう》*4、叢林《そうりん》*5を歴《ふ》ること多からず、只だ是れ等閑《とうかん》に先師*6天童に見《まみ》えて、当下《とうげ》に眼横鼻直《がんのうびちょく》なることを認得《にんとく》して、人に瞞《まん》*7ぜられず、便《すなわ》ち空手《くうしゅ》にして郷《きょう》に還《かえ》る。所以《ゆえ》に、一毫《いちごう》*8も仏法無《な》し。任運《にんうん》に且《しばら》く時を延《の》ぶ。朝朝《ちょうちょう》、日は東《ひんがし》より出《い》で、夜夜《やや》、月は西に沈む。雲、収《おさま》って山骨露《あらわ》れ、雨過ぎて四山低《ひく》し。畢竟如何《ひっきょういかん》。良久《りょうきゅう》*9して云く、三年にして一閏《いちじゅん》*10に逢う、鶏は五更*11に啼《な》く。久立《きゅうりゅう》*12下座《あざ》。謝詞《しゃじ》は録さず*13

*1拈香……焼香。　*2祝聖……聖寿（国王の寿命）の長久を祈願すること。

*3上堂……法堂《はっとう》（説法の道場）に上り説法すること。　*4山僧……僧侶の謙遜の自称。　*5叢林……修行道場。　*6先師……亡くなった師匠。　*7瞞……だます、あざむく。　*8一毫……毫は獣の細毛。きわめてわずかなものにたとえる。

*9良久……「良《や》や久しくして」とも読む。しばらくの意。　*10一閏……一度の閏年《うるうどし》。　*11五更……更は、一夜を五つに分けた時間の単位。五更は、午前四時から六時。　*12久立……上堂のとき、大衆は直立して聞くので、説法の終わりに述べる感謝の言葉。　*13謝詞不録……僧堂開堂にあたっての謝辞をほかにも述べ

られたが記録しない、の意。

〈師（道元《どうげん》禅師）は嘉禎二年（一二三六）十月十五日に、当山（興聖寺《こうしょうじ》）の仏殿《ぶつでん》・僧堂《そうどう》・法堂《はっとう》等を開堂するにあたって、香を焚いて祝聖を行われ、これを終えて上堂された。「山僧（私）は、それほど多くの修行道場を巡り歩いたわけではないが、ただ、たまたま先師天童（如浄《にょじょう》禅師）にお会いすることができて、たちどころに眼横鼻直というあたりまえのことをはっきりと会得して、それ以後は誰にも惑わされることがなく、何も持たずに日本の故郷に帰ってきた。だから、特別に持ち帰ってきた仏の教えというものは、ほんのわずかもない。今は過ぎゆくままに時を過ごしているだけである。毎朝、太陽は東より昇り、毎夜、月は西に沈んでゆく。雲が晴れ上がると山並みが現れ、雨が上がり青空が広がると四方の山々が低く見える。結局、どういうことかというと……、三年経つと閏年があるし、鶏は毎朝五更に鳴く。久立を感謝します」と言って法座から下りられた。その他の謝詞は記録しない〉

これは、道元禅師が京都に興聖寺を開き、仏殿（釈迦像などの仏像を安置した寺院の中心的建物）・僧堂（坐禅《ざぜん》や睡眠、食事などを行う道場）・法堂（説法の道場）が完成して、初めて説法したときの記録です。このなかに有名な「眼横鼻直《がんのうびちょく》」という語や「空手還郷《くうしゅげんきょう》」という語が出てきます。

道元禅師は中国において如浄禅師のもとで修行して、何を悟って日本に帰ってきたかというと、「眼横鼻直」つまり、「眼は横に並んでいて、鼻は縦に付いている」ということが分かったというのです。そんなことはあたりまえのことではないかと思われるかもしれませんが、そう言っているのです。そして、「空手還郷」つまり、「何も持たずに日本に帰ってきた」というのです。さらには、「仏法もない」というのです。いったい、この説法は何を言っているのでしょう。

本来無一物

中国の六祖慧能《えのう》の言葉に「本来無一物」という語があります。

「本来無一物」とは、「本来、一物もない」「本来、私のもの（所有物）は何もない」ということです。私たちが「オギャー」と生まれてきたときは、身体ひとつで、裸で生まれてきたわけですし、死ぬときも身体ひとつで死んでいくのです。いくら財産があっても持ってゆくことはできません。地位や名誉も持ってゆくことはできません。

生まれてくるときは、この身体以外に何も所有していたわけではありませんし、死ぬときも、何も持ってゆけないのです。いや、この身体さえも、本来「私のもの」ではないと言えます。「私のものではない」というのは、「私の自由になるものではない」ということです。いつまでも若くいたいと思っても、身体は老いてゆきます。健康でいたいと思っても、病気になります。私のものではないから、思いどおりになるものではないから、どうしようもないのです。

ところで、心臓は、自分の意識にかかわらず動きつづけています。自分の意志で動かしているのではなく、あらゆる生きとし生けるものの生命と同様に、大自然の生命の一つとして動いています。眠っているときでも動きつづけています。肺臓の働きも同じです。呼吸は、意識して長くすることも短くすることも、一時的に止めることもできますが、ほとんどの日常生活において、私たちは無意識に呼吸しています。眠っているときでも、呼吸を続け、心臓は働きつづけ、血液はつねに循環しています。泳ぎながら睡眠をとる魚の存在に驚いたことがありますが、私たち人間も同じであり、自分では眠っていて何も記憶になくても、意識していなくても、身体はつねに働いているわけです。あらゆる動物は、睡眠中も身体の多くの部分を働かせているのだと言われます。

ご飯を食べれば自然と胃が消化し、腸が吸収し、尿や便を排泄《はいせつ》してくれます。ほかの内臓も同様です。私には、これが私のものとは思えないのです。なぜなら、決して自分の意志で動かしているわけではないし、決して私の思いどおりにはならないからです。

私たちは、自分が「生きている」と思っています。しかし、「自分」「私」という自我意識によって「生きている」のでしょうか。そうではなく、「生かされている」ということであろうと思います。

自分の身体だけではなく、あらゆるものごとも、自分の思いどおりになりません。夫、あるいは妻は、あなたの思いどおりになるでしょうか。あなたの子どもはあなたの思いどおりになるでしょうか。

ところで、私たちが「私のもの」と思っている、家や、その家の建つ土地や、その土地に生えている樹木や、草や石などは、あなたのものでしょうか。もちろん、人間の世界の約束では、それが私の、あるいはあなたの所有物になっているかもしれません。しかしそれは、あくまでも人間世界での約束ごとであって、ありのままの世界……言い方を換えれば、神や仏の世界では通用しないのです。

小鳥たちは、私の土地に生えている柿の実を勝手に食べます。私たちが植えて育てたリンゴを私たちに断りなく食べます。私の住んでいる寺の屋根裏に住んでいる小動物は、ここが自分の家だと思っているらしくて、追い払おうとすると怒って抵抗します。それは彼らが愚かだからではなく、自分の所有物だと思ってとらわれている私たちの方が、彼らより愚かなのかもしれません。

仮に、私の土地に実っている柿の実が、人間世界の約束上、私のものであるとしても、私はその柿の木を自分で作り出すことも、自分の力で大きくすることもできません。柿の木は、自らの生命の働きで、自らを育て、果実を実らせます。私たちが、それに手助けすることができても、作り出すことはできません。

さて、地球上の土地をはじめ、すべての自然は人間だけのものではないはずです。誰のものでもない。みんなのものです。本来、売り買いのできるものではありません。そうであるのに、自分の身体や、家族や、家や、土地や、そしてあらゆる所有物が、自分のものだと思い、それらが自分の思いどおりになると思い、そして思いどおりにしようと思うから、そこに迷いが生じ、苦悩が生じると、仏教では説いています。

放てば、手に満てり

また、私たちはとかく境界線を作りたがります。ここまでが私のもの、ここまでが私の土地、これは私のもの、というように。そして、高い垣根を周囲に巡らして、自分の殻に閉じ込もってしまうような人もいます。土地の境界線争いに一生を費やしてしまう人もいます。しかし、境界線をきちんと引いて、他と区別すれば、自分の世界はかえって狭くなってしまうものです。

道元禅師は、「放てば、手に満てり」と教えています。しっかりと握っているうちは、握ったものだけが自分のものですが、手を開いてその握りしめたものを放ち開いたとき、その手には、全世界が乗ることになります。言葉を換えれば、執着を捨てたときに、真に満ち足りた心を得ることができるというのです。家の周りの垣根を取り払ったときに、かえって全世界が自分のものとなるということです。

誰のものでもなくなったとき、みんなのものとなります。みんなのものとなったとき、みんながすべてを自分のものとできるのでしょう。

「無一物中、無尽蔵」という言葉もあります。無一物となったとき、そこに尽きることのない世界が広がるのです。

さて、話が脱線してしまいましたが、道元禅師が、「空手還郷」、つまり何も持たずに帰ってきたというのは、逆に言いますと、すべてを自分のものとして持ち帰ってきたということです。「一毫《いちごう》も仏法無し」というのも、自分自身が仏法そのものになりきってしまったから、それ以外にしっかり携えてこなければならないような仏法はないということです。私たちは黄金を貴重なものとして執着しますが、もしも大地が黄金でできていたら、黄金など無価値なものとなってしまうでしょう。すべてが黄金になってしまえば、黄金を貴重なものと意識することがなくなるように、すべてが仏法になってしまうと、これが仏法だというような思いはなくなってしまいます。そういう意味で「仏法無し」と言われたのだと思います。

道元禅師は、眼は横に並び、鼻は縦に付いているという、あたりまえのことをあたりまえに認めることが仏法の極意であり、ありのままの世界をありのままに生きること以外にないことを悟りました。だから、何か中国から持ち帰らなければならないような特別な仏法(仏の教え)はなかったのです。ただ、あたりまえの素晴らしさを知り得たのです。

あたりまえの素晴らしさ

あたりまえということは、実にありがたいことです。その様子をたとえるならば、私たちは病気になりますとつらい苦しい思いをします。そして、いろいろと手だてを尽くして治療して、お金もかけ、時間もかけて、病気と闘います。そして、なんとか病気を治し、回復したとき、大いなる喜びを感じます。しかし、考えてみますと、もとの健康な状態に戻ったまでです。

しかし、病気というつらい苦しい体験をしてはじめて、健康のありがたさが分かり、健康に対する感謝の気持ちがわいてくるものです。健康なときは、それがあたりまえで、健康であることのありがたさが分からないものです。仏法の悟りもそれと同様で、何か特別なものを手に入れることではなく、あたりまえの自分に戻ることだといわれます。でもそれは、決して簡単なことではないのです。

道元禅師が、「眼は横に並び、鼻は縦に真っ直ぐ付いているということが、しっかりと分かった」というのはそのことを言っているのです。ですから、「毎朝、太陽は東より昇り、毎夜、月は西に沈んでゆく。雲が晴れると山並みが現れ、雨が上がり青空が広がると四方の山々が低く見える。三年経つと閏年があるし、鶏は毎朝五更に鳴く」と、あたりまえのことを、あたりまえに語っているのでしょう。

思うに、仏教というのは、信じるとか信じないとか、関係があるとかないとか、必要だとか必要ないとか、そういうことを超えた教えであると思います。たとえば、「諸行無常」ということ。これは教えというよりも事実です。あらゆるものごとは移り変わってゆく。変化してゆく。だから、私たちはしだいに老いてゆきますし、いつかは必ず死ぬのです。これは、信仰しなければならない特別な教えではありません。事実です。

あるいは仏教の中心的な教えである「縁起」ということ。これは、「縁《よ》りて起《お》こる」ということ、また「因縁によって生起《しょうき》している」ということですが、ものごとにはすべて原因（因）があり、それに条件（縁）が複雑に加わって結果が生じてゆくということで、その結果がまた原因となって、次なる結果を生んでゆくというように、すべてのものごとは関係し合っているということ、つまり何ひとつとして単独でまったく他と関わりなく存在しているものはない、ということです。これも事実です。

種を蒔《ま》く。これが「因」です。……これも前の年の実りの結果なのですが……。これに水や、太陽の光や風、温度や栄養など、いろいろな条件、つまり「縁」が加わって、発芽して成長します。そしてまた果を実らせます。これが結果、つまり「果」です。このような事実が「縁起」です。

仏教や宗教などと言いますと、「私は信じません」とか「関係ありません」とか「私には必要ありません」とかおっしゃる方がいますが、仏教が「法」と言っているものは、この世はどのようにあるのかという、世界のあり方を明らかにしたものであって、信じるとか信じないとか、関係があるとかないとか、必要だとか必要ないとか、そういうことを超えた、あたりまえの教えであると言えます。

道元禅師の、京都の興聖寺での最初の説法は、まさに、このことを説かれたものであると思われます。「眼は横に、鼻は縦に付いている。太陽は東から昇り、夜明けになると鶏が鳴く。そのほかに特別な教えはないのだ」ということです。この説法は、道元禅師の初めての正式なかたちでの説法でありましたから、集まった者たちは、何か特別なありがたい教えを聞けると思って聞き入っていたでありましょうが、もしかすると期待はずれのものであったかもしれません。

私たちは、とかく特別なものを求めます。特別なもののなかに素晴らしさを感じます。坐禅して空中に浮いたり、スプーンを曲げたりすることに驚き、関心を持ちます。

そのような超能力を得ようと思って、真剣に修行している若者もいます。

禅の世界にも神通《じんづう》(いわゆる超能力)ということがありますが、それは、特別なことではありません。ある禅の師匠は、朝起きて顔を洗いたいと思っていたところへ、気を利かせて水桶《みずおけ》と手ぬぐいを持ってきた弟子や、顔を洗い終わって茶を飲みたいと思っていたところへ、お茶を持ってきた弟子をほめて、おまえたちには素晴らしい超能力がある、と言っています。

禅でいう超能力とは、このようなことであり、あたりまえの日常生活において、その現実の状況をしっかりと見つめ、智慧《ちえ》を働かせて相手の気持ちを察して、行動することであると言えます。

中国から、禅という何か未知の新しい教えを伝えたと噂されていた道元禅師のもとには、特別な素晴らしい教えを聞けると期待して集まってきた人々もいると思われますが、あたりまえのことをあたりまえに説く道元禅師の説法を聞いて、逆に、禅とはそういうものなのかと、大いにカルチャーショックを受けた人たちもいたかもしれません。

第７章　只管打坐――ただ坐る

勤めるべき行は坐禅のみ

道元《どうげん》禅師といえば、「只管打坐《しかんたざ》」というくらい、よく知られた言葉であろうと思います。あるいは、「祇管打坐」とも書きます。

「只管」とは、「ただ」ということ、「打坐」の打とは接頭語で動作・行為をする意であり、坐とは坐禅のことで、つまり打坐とは坐禅をすること。よって、「只管打坐」とは、ただ坐禅をすることを言います。

鎌倉仏教の祖師は、下層階級の民衆――救いの手を延べられることのない、しいたげられ苦しむ人たち――を救う立場から、それぞれの祖師が、誰にでも行うことができる実践を説きました。親鸞聖人《しんらんしょうにん》は、「南無阿弥陀仏《なむあみだぶつ》」と唱える念仏を、日蓮《にちれん》聖人は「南無妙法蓮華経《なむみょうほうれんげきょう》」と唱える題目を、そして道元禅師は「坐禅」を人々に勧めました。

念仏や、題目にくらべ、坐禅は、特別な人だけができる修行法のように思われがちですが、道元禅師にとって坐禅は、ただ坐《すわ》ればいいのですから、誰にでも行うことができる、やさしい修行法であったと言えます。それは、次の説法（『正法眼蔵随聞記《しょうぼうげんぞうずいもんき》』巻二）にうかがえます。

夜話*1に云く、人は世間の人も、衆事《しゅじ》*2を兼ね学して何れも能《よく》もせざらんよりは、ただ一事を能《よく》して、人前にしても、しつべきほどに学すべきなり。況《いわ》んや出世の仏法は、無始《むし》*3より以来《このかた》修習せざる法なり。故に今もうとし。我が性《しょう》*4も拙《つたな》し。高広なる仏法の事を、多般を兼《かね》れば一事をも成ずべからず。一事を専らにせんすら本性昧劣《ほんしょうまいれつ》*5の根器*6、今生《こんじょう》に窮め難し。努々《ゆめゆめ》学人一事を専らにすべし。

奘問うて云く、若し然らば、何事いかなる行か、仏法に専ら好み修すべき。

師云く、機に随ひ根に随ふべしと云へども、今祖席*7に相伝して専らする処は坐禅なり。この行、能《よ》く衆機*8を兼ね、上中下根*9ひとしく修し得べき法なり。

*1夜話……夜間、坐禅の合間にする説法。　*2衆事……多くのこと。　*3無始……その始点をさかのぼっても知ることができない遠い昔。　*4性……生まれつきの能力。　*5昧劣……くらく、劣っている。　*6根器……根は生まれつきの素質、器は器量。　*7祖席……釈尊から達磨、そして師の如浄へと伝わった立場。　*8衆機を兼ね……どんな人にもできる。　*9上中下根……修行を行ずる

能力の段階。

〈夜話に（道元禅師が）言われた。「人間は、世間（一般）の人も多くのことを同時に学んでどれも中途半端であるよりは、ただ一つのことであっても、しっかりと行って、人前でも堂々とできるように学ぶべきである。ましてや世間から離れた仏法は、はるか昔より今日まで習い行うことがなかった教えである。だから今もよく分かっていない。自分の生まれつきの能力も劣っている。限りなく高く広い仏の教え（実践）の多くの面をみんな行おうとすれば、一つも成就できないであろう。一つの教え（実践）をもっぱら努めようとしても、もともと生まれつきの能力が乏しく劣っているから、この生涯では極めることは難しい。そうであるから必ず、仏法を学ぶ者は、一つのことをもっぱら行うべきである」

懐奘《えじよう》（道元禅師の門下）が質問して言った。「それでは、仏法においては何をもっぱら好んで行うべきでしょうか？」

師（道元禅師）が言われた。「それは、それぞれの人の能力に応じて定めるべきであるが、私が中国の如浄禅師より伝えた仏法の門下において、もっぱら勤めるべき行は坐禅である。坐禅は、生まれつきの能力の区別なく、み

んなが修行することのできる修行法である〉

このように道元禅師は、いろいろな修行をみんなしようと思わなくてもいいから、ただ坐禅すればいいと教えているのです。

「只管打坐」とは、そのことを言うのですが、この言葉は、道元禅師の師匠の如浄禅師の言葉のなかに出てまいります。

堂頭和尚示曰、参禅者身心脱落也、不用焼香・礼拝・念仏・修懺・看経、祇管打坐而已。　（『宝慶記』）

〈堂頭和尚《どうちょう》（如浄《にょじょう》）が示して言われた、「参禅（坐禅）は身心脱落《しんじんだつらく》＊である。焼香や礼拝や念仏や修懺《しゅさん》や看経《かんきん》は無用。ただ坐るのみ〉

＊身心脱落……心も身体も抜け落ちてしまう安楽の状態。なお、『正法眼蔵』「行《ぎょう》持《じ》」下に、「参禅者身心脱落也、不用焼香礼拝、念仏修懺看経、祇管打坐始得」、『正法眼蔵』「仏経」に「先師尋常道、我箇裏、不用焼香礼拝念仏修懺看経、祇管打坐、弁道功夫、身心脱落」などとある。

このように如浄禅師は、「いろいろな修行があるが、ただ坐禅すればよい」と教えています。「只管打坐」は如浄禅師の教えであり、道元禅師はこの教えを継承しているのです。

ところで「只管」ということについて、もう少し掘り下げてみましょう。この言葉には、これまで述べてきました「ただ」という意味合いと、「ひたすら、いちずに」という意味合いが含まれています。念仏や題目を唱えるときも真剣に唱えなければならないように、坐禅も「ただ」なんとなく坐るのではなく、真剣に坐らなければならないのです。

私はこれで貫き通す

『永平広録《えいへいこうろく》』*1（巻四）のなかに、次のような上堂（説法）が見られます。

上堂。仏仏祖祖正伝の正法は、唯だ打坐のみ。先師天童、衆に示して云く、汝等、大梅法常《だいばいほうじょう》*2 禅師の江西《こうぜい》*3 馬《ば》大師に参ずる因縁を知るや。他《か》れ馬祖《ばそ》*4に問う、「如何《いか》なるか是れ仏」と。祖云く、「即心即仏《そくしんそくぶつ》*5」。便《すなわち》 礼辞《らいじ》して、梅山*6絶頂に入りて、松華《しょうか》を食し荷葉《かよう》を衣《き》て、日夜坐禅して一生を過ごす。将《まさ》に三十年、王臣に知られず、檀那《だんな》の請に赴かず。乃《すなわ》ち仏道の勝躅《しょうちょく》*7なり。測《はか》り知る、坐禅は是れ悟来《ごらい》の儀なり。悟は只管坐禅のみ。当山に始めて僧堂あり、是れ日本国に始めてこれを聞き、始めてこれを見、始めてこれに入り、始めてこれに坐す。学仏道の人の幸運なり。後に僧ありて、大梅に道《い》う、「和尚、馬大師に見《まみ》えて、何《いか》なる道理を得て便ち此の山に住す」。大梅道く、「馬祖我に道《い》う、即心即仏と」。僧云く、「馬祖の仏法、近日又た別なり」。大梅云く、「作麼生《そもさん》か別なる」。僧云く、「近日、非心非《ひしんひ》仏《ぶつ》＊8と道う」。大梅道《いわ》く、「這《こ》の老漢、人を惑乱すること未《いま》だ了期《りょうご》ある在り。任他《さもあらばあれ》、非心非仏、我れは祇管に即心即仏」。僧、帰りて祖に挙似《こじ》す。祖云く、「梅子《ばいす》、熟せり」。然れば則ち即心即仏を明得する底《ところ》の人、人間《じんかん》を抛捨《ほうしゃ》して深く山谷に入り、昼夜に坐禅するのみ。当山の兄弟《ひんでい》、直《じき》に須《すべから》く坐禅を専一にすべし。光陰虚しく度《わた》ること莫《な》かれ。人の命は無常なり、更に何れの時をか待たん。祈禱《きとう》祈禱。大衆、即心即仏底の道理を会《え》せんと要すや。良久《りょうきゅう》して云く、即心即仏甚《はなは》だ会すること難し。心は、牆壁瓦礫《しょうへきがりゃく》、仏は泥団土塊《でいだんどき》。江西の道い来たるや拕泥帯水《だでいたいすい》＊9、大梅の悟り来るや依草附木《えそうふぼく》＊10。即心即仏、什麼《なん》の処にか在る。（原漢文）

＊1『永平広録』……興聖寺・大仏寺・永平寺における道元禅師の上堂・小参・法語・頌古《じゅこ》・偈頌《げじゅ》等を、門弟の詮慧《せんね》・懐奘《えじょう》・義演《ぎえん》等が集めまとめたもの。上堂とは、法堂《はっとう》に上り、説法すること。小参とは、方丈（住持＝住職の居室）にあって、学人が住持より親しく教えを受けること。法語は、学人に対して仏法を示した語。

頌古は、仏祖の遺した言葉に偈頌（漢詩）を付してその意味を簡潔に示したもの。
＊2大梅法常……中国唐代の禅僧。馬祖の法嗣（法を受け継いだ弟子）。＊3江西……地名。長江中流南側の地。江西省。＊4馬祖……中国唐代の代表的禅僧。号は馬祖、名は道一《どういつ》。南嶽懐譲《なんがくえじょう》の法嗣。＊5即心即仏……心こそ仏にほかならないこと。即心是仏とも。＊6梅山……大梅山のこと。寧波府（浙江《せっこう》省）にある。山上に大梅樹があることから名づけられたとされる。＊7勝躅……優れた行跡。
＊8非心非仏……心でもなく、仏でもない。馬祖は、「即心即仏」の語で学人を指導していた。しかし、この「即心即仏」の語にとらわれて、心・仏に執着するものが出てきたので、その執着を捨てさせるため、のちに「非心非仏」と示した。
＊9拕泥帯水……泥をひき水をかぶる。体中が泥や水で汚れること。相手の機根（能力・素質）に応じて教化すること。＊10依草附木……草に依《よ》り、木に付く。転じて、文字言句に執着すること。ここでは、「即心即仏」に徹底した大梅を賛嘆した言葉。

〈法堂での説法で道元禅師が言われた。釈尊から代々伝わってきた正しい教え（実践）は、ただ坐禅することである。亡くなった師匠の如浄禅師が、あるとき修行僧に教えて言われた。お前たち、大梅法常禅師が江西馬祖大師に参じられた因縁（故事）を知っているかな？　馬祖の弟子であった大梅は、あるとき「仏とは、いかなるものでございましょうか？」と質問した。馬祖は「即心即仏《そくしんそくぶつ》」（心こそが仏にほかならない）と答えた。大梅は、この言葉を聞いて、たちまち悟り、礼拝して馬祖のもとを去り、大梅山の奥深くに入り、松の実を食べ、ハスの葉を身にまとい、日夜坐禅して一生を過ごされたという。まさに三十年の間、王臣に知られることなく、檀那（檀家）の招きに応じて寺に入ることもなかった。これこそが、優れた仏の生き方じゃ。分かるかな？　坐禅が悟りということだ。悟りとは只管坐禅、それだけだ。

（中略）

　さて、大梅が山に籠もってのち、ある僧が、山中で大梅に出会った。

僧「和尚は馬祖大師のもとで、いったい何を会得《えとく》して山に入られたのですか？」

大梅「馬祖が私に言った『即心即仏』ということを会得して山に入ったのだ」

僧「馬祖大師の仏法は近ごろ違ったことを説いております」

大梅「どのように違うのだ」

僧「近ごろは『非心非仏』と説いております」

大梅「あの老いぼれ爺め、人を惑わすこともいい加減にしたらどうか。『非心非仏』などどうでもいいわい。わしは、ひとすじに『即心即仏』じゃ」

僧は帰って、馬祖にこのことを報告した。馬祖は大いに喜んで「梅の実が熟したぞ」と言った。(後略)〉

このなかに、「祇管」(=只管)という言葉が出てきます。大梅法常(七五二〜八三九)という方は、道元禅師が非常に尊敬している中国の禅僧ですが、馬祖《ばそ》道一《どういつ》(七〇九〜七八八)という、これまた中国の代表的な禅僧の弟子にあたります。この話は、大梅が馬祖のもとで修行して「即心即仏」(心こそが仏にほかならない)と聞いて、悟りを得たという話です。仏というのは、外に求めるものではなくて、自分の心のなかにあります。この私の心が、仏と同じ心になるということが大切ですし、そうすれば仏のような実践が自然と行われるようになるのです。この自分をおいてほかに仏はないのだ、というのが「即心即仏」ということです。この言葉を聞いて、大梅は悟り、そして山に籠《こ》もってしまうのです。山に籠もって、仏の実践である坐禅をもっぱら行って一生を過ごしました。

ところで、当代一流であった馬祖が、「即心即仏」と示したものですから、弟子たちの間では、この「即心即仏」が大いに流行《はや》りました。誰でも彼でも、わけも分からずに口癖のように「即心即仏」と言うようなありさまになってしまいました。迷いのままで、それが仏の心であると言うような者まで現れるようになったのです。馬祖はそのような状況に心を悩ませて、「即心即仏」と説くのをやめ、「非心非仏」（心に非《あら》ず、仏に非ず。心だとか仏だとかにとらわれてはいけない）と示しました。そして、またもや流行は「非心非仏」に移っていったのです。

その頃、ある禅僧が、山奥で大梅と出会って、前に述べた問答をします。僧は馬祖が近日「非心非仏」と説いていると告げます。しかし、これに対して大梅は動じませんでした。「おいぼれ爺《じじい》め、いつまで人を惑わせるのだ。あなたが何と言っていようと私は即心即仏で貫き通すのだ」と、きっぱりと言ったのです。僧は、馬祖のもとに帰り、これを報告すると、馬祖は大いに喜んで「梅の実が熟した」と修行僧たちに告げたという、そういう話です。

大梅は、馬祖の「即心即仏」という言葉の真意を悟って、ほんとうにこの言葉を自分のものとしていたのです。だから「非心非仏」と聞いても、まったく動じませんでした。そのときの言葉が「任他、非心非仏、我れは祇管に即心即仏」（非心非仏などはどうでもいい、私はいちずに即心即仏だ）という言葉でした。ここに「祇管」という言葉が出てくるのです。

坐禅ひとすじ

私は、この馬祖のもとでの大梅の故事と、如浄のもとでの道元禅師の悟りに、実に深い関係があると思っております。大梅は「只管即心即仏」で一生涯を貫き、道元禅師は「只管打坐」で生き抜かれました。

そういう意味では、法然《ほうねん》上人や親鸞聖人は「只管念仏」、日蓮聖人は「只管法華経《ほけきょう》」ということになるでしょうか。何か共通点を感じます。ことに親鸞聖人は、

たとひ法然聖人にすかされまひらせて、念仏して地獄におちたりとも、さらに後悔すべからずさふらう。（『歎異抄《たんにしょう》』）

と言っています。たとえ法然上人にだまされて念仏して地獄に堕《お》ちても、決して後悔しないとおっしゃっています。何かひとつのことに専念して一生を過ごすということは、一般的に考えれば愚かなことかもしれません。しかし、鎌倉仏教の祖師が、いずれもそのような道を歩まれたということには、大いなる意味があると思われます。

「真実一路」という言葉がありますが、最近ではほとんど言われなくなりました。ひとすじに真実を求めて生きていくこと。自分がこうだと思った道をひとすじに歩んで

いくこと。そのような生き方をする人が少なくなったからでしょうか。

仏教の世界でも、時代に流されず教祖や宗祖の教えを実践して生きることを大切とする人々と、時代や人々の需要に応じて仏教も変わっていかなくてはいけないと革新を志す人々がおります。どちらが正しい、ということではありません。おそらく、そのどちらも大切だと思われます。しかし、いずれの道を生きるにしても、真剣に懸命に生きることが大切だと思われます。その真剣さ、懸命さが、仏教の世界でも失われつつあります。

現代に生きる僧侶《そうりょ》も、鎌倉仏教の祖師方を見習って、より精進・努力しなければなりません。

現代人の多くは、流行を追い、企業の商業作戦に踊らされて、いつまでも変わらないことは時代遅れだと思い、次から次へと変えてゆくことが、新しさだと思い、豊かさだと思っています。

もちろん、「真実一路」の生き方によって、自分の考えや生き方を曲げず、それによって周囲の人に害を及ぼすようであってはいけませんが、いい意味で「芯《しん》のある」生き方、一生懸命な生き方が、これからの時代、必要であろうと思います。

それぞれが、それぞれの考えをしっかりと持ち、また、他人の考えや立場も尊重し、今何をすべきかを考え、そのことに自信を持って生きること。他人の言葉に振り回されたり、惑わされたりすることなく、ひとすじに正しいと思う道に向かって生きること。

そのような生き方を、道元禅師の只管打坐の生き方から学びたいものです。

第8章　無所得・無所求・無所悟
——さとりを求めない修行

いかなる行為も手段化してはいけない

「無所得・無所求・無所悟」とは、「何かを獲得しようとしない」「何かを求めようとしない」「悟りを得ようと思わない」ということであります。これも、やはり道元《どうげん》禅師の代表的な教えであり、道元禅師ほど、この「無所得・無所求・無所悟」を強調した方はいないと思います。

ところで、「あなたは、なぜ働くのですか？」と質問されたら、何と答えるでしょうか。多くの人が、「収入を得るためです」と答えるかもしれません。収入は必要です。収入がなければ、必要な衣食住を確保することもできませんし、自分や家族を養うこともできません。自分たちが生活をするために、どうしても働かなくてはなりません。

道元禅師は、決してそのようなことを否定しているのではないのです。「何も獲得するな」ということではなく、何かを獲得するのに、あまり打算的になってはいけない、報酬のことばかり考えてはいけないということを言っているのです。

最初から損得勘定をしますと、「働く」という行為が、金儲《かねもう》けの手段となってしまって、「働く」という行為が純粋なものでなくなります。「働く」ということは「生きる」ことであり、この「生きる」ということのほかに人生はないのですから、それを、食べるためとか、よいものを着るためとか、よい住みかに寝るためとか、そういう違うことの「ため（為）」にしてしまわないで、「働く」ということを大切にするということです。「食べる」ことも、「寝る」ことも、「働く」ことも、みんな日常生活のかけがえのない「生きる」というあり方であって、「働く」ことを、「食べる」ことや「寝る」ことの手段としてはいけないということです。

たとえば、車を運転して目的地に行く。車の運転は目的地に行く手段かもしれませんが、今車を運転しているということが、生きているということの一つであり、ほかのことと同様に貴重な人生の時間の一時であることに変わりはありません。そのかけがえのない今の時間を、ほかのことの「ため」と考えてしまってはいけないということです。運転のときは運転になりきり、交通ルールを守って、目的地に着くまで、運転に専念する。同様に、目的地に到着して、荷物を下ろすときは、その仕事に専念する。それが「なりきる」ということであり、そのことのほかに何かを求めない、それません。

が道元禅師の「無所得・無所求・無所悟」ということであります。いかなる仕事にせよ、何か違うことを目的として、その手段にしてしまってはいけません。

悟りを求めない修行

さて、道元禅師の仏法の特徴は只管打坐《しかんたざ》の坐禅を第一の修行とするところにありますが、坐禅は「修証一等《しゅしょういっとう》」といわれる教えによっています。修行は決して坐禅に限りませんが、坐禅がいろいろな修行の基本であって、坐禅を中心としたいろいろな修行において、悟りという結果を目的としないで、今の自分の修行がそのまま悟りのあり方、つまり仏というあり方を現している、という自覚を持って修行するということです。

したがって、ひとつひとつの行為が重視され、その行為の行い方が大切にされます。修行は単なる手段ではなく、「修行」そのものが重んじられるため、「悟り」があまり語られないという傾向があります。ゆえに、「道元禅師には悟りがない」とか、「道元禅師は悟りを軽んじている」と言う人がいますが、そうではなく、「悟りを求めない」というのが正しいとらえ方です。そのことを「無所得」とか「無所求」とか「無所悟」と言っているのです。また、悟りを求める打算的な心を捨てさせるために、ある指導者は「坐禅しても何もならない」などという言い方をしています。
この「無所得・無所求・無所悟」ということを、次の『正法眼蔵随聞記《しょうぼうげんぞうずいもんき》』の説示に見てみましょう。

仏の道に入ったならば、ただ仏法のためにいろいろな修行をして、その修行の代償に何か所得があるだろうと思ってはいけない。仏教の内外のいろいろな教えでもみな、無所得でありなさい、と勧めている。（巻二）

ただ人に好かれるようなことを行い、人を楽にさせるようなことを行って、その代償に自分がいい人だという名声を留《とど》めようと思ってはいけない。ほんとうに無所得であって、人々のためになることをする、それがそのまま自分がエゴを離れる最も大切な心がけである。（巻四）

仏道を学ぶ道において最も重要なことは坐禅であり、坐禅が第一である。大宋国（中国）の人が、数多く得道した（悟りを開いた）のも、みな坐禅の力である。仏であるから、修行者はただ坐禅をして、ほかのことに関わってはいけない。仏祖の道はただ坐禅であり、ほかのことにしたがってはいけない。（中略）古人の悟りの言葉を学んで、少しばかり分かったようなつもりになっても、それがかえって仏の道から遠ざかる原因になることもある。所得を求めず、悟りを求めないで、ただ坐禅して時を過ごすことが、そのまま修行者の生き方なのである。古人も、語録を見ることとただ坐禅することを共に勧めているが、それでも坐ることの方をよりもっぱらに勧めている。古人の言葉を学んで悟りを開いた人もあるが、それも実は坐った功徳《くどく》によって悟りを開く因縁となったのである。本当の功徳は坐ることにあるのである。（巻六）

ここに示されますように、坐禅をはじめとする仏教の修行において、無所得・無所求・無所悟が大切であるとしています。仏の道においても、当然のことながら、よいことを行い、人々のためになることをするのが大切であるわけですが、これらの行いの報いとして仏になりたいとか、有名になろうとか、そういう所得を求めてはならないと言うのです。とはいえ、行った行為に対する所得や功徳がないというのではありません。「求めてはならない」と教えているのです。

悟りを求めない、もっと言えば、「悟りなどというものは、もうどちらでもよい」というところが落ち着き所です。もちろん、その落ち着き所をも求めたら、もう無所得の行にはならないのですが。

また、「修行さえすればいい、悟りなどいらない」などと頑張る必要もありません。それもまた「悟り」へのこだわりであるとも言えます。

また、「悟るまで修行しろ」と言う人がいますが、悟るまで修行しろというと、悟るまでは修行して、悟ったらもう修行しなくてもよい……ということになります。逆に、「悟ってからがほんとうの修行だ」と言う人がいますが、それでは悟るまでは本当の修行ではないことになってしまいます。悟る前も修行、悟ってからも修行、はじめから終わりまで修行、それが道元禅師の修行です。

とにかく、悟りの「ある」「なし」はさておいて、今を真剣に生きるしかありません。同じように「生きる」ならば、同じ「働く」ならば、そこに思惑・打算・報酬といった気持ちを持ち込まない方が、自分にとっても他人にとっても、どれだけすがすがしいことではないでしょうか。

私には世間の幸せはいらない

坐禅に限らず、道元禅師は、何ごとにも所得を求めてはならないと言われます。おそらくは所得を求める心が強ければ強いほど、かえって得られないからであり、得られたとしても、所得を求めつづける心があれば、決して満足は得られないからです。世間的な満足を得るのを目的とするのが仏教ではないのです。それは、釈尊《しゃくそん》の次のような話のなかにも見られます。釈尊が成道《じょうどう》される前の「悪魔の来襲」の話です。ネーランジャラー河（尼連禅河《にれんぜんが》）の河畔の菩提樹《ぼだいじゅ》の下で、理想（成道＝さとりを得て仏となること）を達成するまでは決してここを立たないと、死を覚悟して坐禅を続ける釈尊に、悪魔が語りかけます。

あなたはやせて顔色が悪く、死に瀕《ひん》している。あなたの生きる望みは千に一つしかない。あなたは、生きるべきである。命あってこそ善を行うことができる。命長らえて、梵行《ぼんぎょう》（仏道修行）を積み、聖火に供物を捧《ささ》げれば、多くの福徳が積まれるのに、いたずらに努めてもむだである。精励への道は、苦しくて行いがたく、到達しがたい。

このように語りかける悪魔に、釈尊はこう言われます。

無法者の親類よ、波旬《はじゅん》（悪魔）よ、お前がここにきて私に勧めている世間的な福徳は、私に用はない。福徳を求めている人たちに、お前はこれを説くべきである。私には信仰と精進と智慧《ちえ》がある。このように努めている私に、お前はなぜ生きることを求めるのか。

（『南伝大蔵経』二四）

そして釈尊は坐禅を続け、ついに成道されるのです。「世間的な福徳」とは具体的には生天《しょうてん》（天上界に生まれること）を意味しますが、これはしょせん、利己的な欲求であり、釈尊はこれを退けているのです。私には世間の幸せはいらない、ということです。

道元禅師の「無所得・無所求・無所悟」の教えは、釈尊のこの姿勢に淵源《えんげん》を見いだせます。道元禅師はこの「無所得・無所求・無所悟」の行を「不染汚《ふぜんな》の修証《しゅしょう》」と表現し、「坐禅」はまさに「不染汚の修証」でなければならないとしました。「不染汚の修証」とは、汚れのない修行ということです。

坐禅は人間の欲望を満たすためにするのではない

道元禅師の教えにしたがい、生涯を坐禅で貫いた沢木興道《さわきこうどう》老師（一八八〇〜一九六五）は、「坐禅は何になる」と質問されると「何もならん」と答えたといいます。「何もならん」とは、人間の欲望を満たすためのものではないということです。坐禅に損得勘定を持ち込んではいけないということです。

悟りたい、悟って人から尊敬される人間になりたい。……素晴らしい志のようではありますが、そのような思惑をもって坐禅をするのは、しょせん、欲望の坐禅であります。正しい坐禅ではありません。

沢木老師は次のように言います。

　何にもならぬことをせい、というのは人間界では全く意味のないことである。一週間坐禅して、何か得るものがあると、つまり公案の一つや二つ通るとか、見《けん》性《しょう》（自己の本性を悟る）するとか、……そうすれば張り合いがあるものである。そのような張り合いのよいのが好きなのが人間の世界である。それは仏法の世界ではない。

　人間が仏法を取り扱うものだから、仏法までも人間界へ引きずり下ろしてしまう。そこに病が生ずるのである。

　坐禅は安楽の法門というけれども、こんな足の痛いことをして、どこが安楽じゃという者がおる。坐禅をするのは、仏の修行された道だからするのである。仏道修行というのは、仏のまねをすることである。自分のかなう程度にまねをすることである。そのまねを人間のために役立てようと思うのが禅病の起こるもとである。

（『沢木興道全集』）

坐禅をやって何になる？　何かのためにならなければやらないというような者は、

あえて坐禅をしなくてもよいのです。

確かに坐禅には効用があります。それなりの効果があります。いいえ、素晴らしい功徳があります。だからこそ二千五百年以上も昔から今日に至るまで坐禅が行われてきたのでしょう。しかし、そのような功徳を求めて、坐禅が行われてきたのではありません。効果はあっても、それを求めない。「求めず坐《すわ》る」――そこにこそ真の功徳が現れるのです。これを言ってしまうと、今度は「求めない」ということにこだわってしまいます。それもいけません。

さて、坐禅においては、いかなる人間的欲求も、まず断ち切る必要があります。健康になりたい、病気を治したい、度胸をつけたい、何か特別の心境になりたい、他人より偉くなりたい、特別な能力を身につけて他人の関心を呼びたい等々、人間的な欲求や希望は修行を異質なものにしてしまいます。

かつて事件を起こしたオウム真理教の幹部たちは、教祖に認められようとして、競って修行に励んだといいます。修行の目的が、最初は自己改革や精神的向上であったに違いないと思いますが、それがしだいに教祖に認められたいといった打算に変わり、教団内部においてより高い地位に就きたいという名誉欲（名誉や地位を求める欲望）に走ったとき、彼らは自らの行いの正しい判断を失い、ただ教祖という大きな権力にしたがって殺人集団と化していったのではないかと思います。

正しい仏教における修行は、他に認められるためにするのではありません。それでは形式は仏教であっても内容は邪教になってしまいます。この「無所得・無所求・無所悟」ということは、とても大切なところなのです。修行するという、そのことのほかに、別なものを求めてはいけないのです。

幸福は歩くことそのものにあった

『ブッタとシッタカブッタ』(小泉吉宏著・メディアファクトリー刊)という漫画がありますす。仏教的な教えを分かりやすく書いていることに驚かされます。そのなかに、「幸福への旅」という、次のような詩が載っていました。

シッタカブッタは幸福をさがしに
何年も歩いていたが
歩いても歩いても見つからなかった
シッタカブッタは休んで考えた
シッタカブッタはさがすのをやめて

歩くことを楽しみはじめた
幸福は歩くことそのものにあった
（『ブッタとシッタカブッタ3』「なあんでもないよ」）

この詩は、道元禅師の修証観（修行と悟りに関する見方）を説明するのに格好な詩です。「幸福」を「悟り」に、「歩く」を「修行」に置き換えてみると、道元禅師の修証観に当てはまります。「悟り」は「修行」そのものにあった、ということになります。修行のほかに悟りがあるわけではないのです。これが道元禅師の教えです。

この詩がうたうように、「幸福」は、「歩く」ということそのものにあると私も思います。「歩く」ということは、「今を生きる」ということでもあります。「今を生きる」ということのほかに「幸福」を求めても、決して得られるものではありません。

また、ドイツの詩人、カール・ブッセの詩に、有名な「山のあなた」があります。

山のあなたの空遠く
「幸《さいわい》」住むと人のいふ。
噫《ああ》、われひとゝ尋《と》めゆきて、

涙さしぐみ、かへりきぬ。
山のあなたになほ遠く
「幸」住むと人のいふ。

（カール・ブッセ／上田敏 訳）

この詩は、「幸福」を求める人間の願いと、それを求めても得られない切なさをうたっています。そして逆説的に、幸福は遠くにあるのではなく、今ここにあることを気づかせようとしているのではないかと私には思われます。

道元禅師の「無所得・無所求・無所悟」とは、「何かを獲得しようとしない」「何かを求めようとしない」「悟りを得ようと思わない」ということでありますが、「求めない」ということは「今・ここ・このこと」を大切にするということでもあるのです。

第9章　修証一等——修行とさとりは一つ

修行とさとりは一つ

それ修証《しゆしよう》*1はひとつにあらずとおもへる、すなはち外道《げどう》*2の見《けん》なり。仏法には、修証これ一等《いつとう》なり。いまも証上の修なるゆゑに、初心の弁道《べんどう》*3すなはち本証*4の全体なり。かるがゆゑに、修行の用心をさづくるにも、修のほかに証をまつおもひなかれとをしふ。直指《じきし》*5の本証なるがゆゑなるべし。すでに修の証なれば、証にきはなく、証の修なれば、修にはじめなし。ここをもて、釈迦《しやか》如来*6・迦葉《かしよう》尊者*7ともに証上の修に受用せられ*8、達磨大師*9・大鑑《だいかん》高祖*10、おなじく証上の修に引転《いんでん》せらる。*11仏法住持のあと、みなかくのごとし。

すでに証をはなれぬ修あり、われらさいはひに一分《いちぶん》*12の妙修《みようしゆ》*13を単伝*14せる、初心の弁道すなはち一分の本証を無為《むい》*15の地にうるなり。しるべし、修をはなれぬ証を染汚《ぜんな》せざらしめんがために、仏祖しきりに修行のゆるくすべからざるとをしふ。妙修を放下《ほうげ》*16すれば本証手の中にみてり、本証を出身すれば妙修通身におこなはる。

(『弁道話《べんどうわ》』)

*1修証……修行と証果(悟り)。「さとり」を書き表す場合、「覚」という字を用いる場合と「証」を用いる場合とある。また、「悟」や「省」という字も使う。その区別については諸説があるが、「覚」は動詞として「さとる」と用いる場合に使い、「証」は名詞として「さとり」と用いることが多いようである。また、「覚」は体験としての瞬間的な出来事を言い、「証」はさとりの生き方、継続状態をさす、というような区別も可能である。*2外道……仏教以外の道、教え。*3弁道……正しくは辦道。辦は、務める意。道を勤めること。修行。*4本証……本来証悟のこと。「本来さとっている」という意であるが、道元禅師の場合、「迷いの状態のままで修行と関係なく、もともとさとっている」という意味ではない。つまり、迷ったものが修行してその結果として「さとり」を開くのではなく、修行の段階においてその修行という行為のなかに「さとり」が現れていることを言う。本証は修行を必要条件とし、出発点としている。*5直指……直ちにさし示すこと。たとえ話などの方便を用いず、あれこれと解説することなく、端的に示すこと。*6釈迦如来……釈迦牟尼仏、釈尊のこと。*7迦葉尊者……釈尊の後継

者となった摩訶迦葉《まかかしよう》のこと。＊8受用せられ……受用させられた、つまり、受け用いたのではなく、そのようにさせられたの意。努力して行ったのではなく、あたりまえに行われた意味が含まれている。＊9達磨大師……インドから中国に禅を伝えたとされる菩提達磨《ぼだいだるま》のこと。＊10大鑑高祖……達磨から六代目（六祖）大鑑慧能《えのう》のこと。中国禅の大成者といわれる。＊11引転せらる……引き転がされる。引き転がしたのではなく、そのようにさせられた意。「受用せられ」と同様。＊12一分……一部分の意。ここでは不定の数量。修行した分が、さとりの分というような意味。「一分の妙修」と「一分の本証」が対応している。＊13妙修……妙は不可思議、最勝（最も優れている）の意。修は修行。ここでは、さとりを求めない修行を妙修といい、具体的には坐禅をさす。＊14単伝……釈尊の教えがまっすぐに伝わる。＊15無為……因果関係を超えた絶対的あり方や、自由自在の境涯を言うが、ここでは具体的に、さとりを求めない、さとりのあり方としての坐禅をさす。＊16妙修を放下すれば～……「放下」は放ち捨てる意であるが、ここでは無心に行うこと。「出身」は抜け出す意であるが、ここでは忘れてしまうこと。以下の句で、本証と妙修が一つであることを表したもの。

〈修行と証《さと》りが一つではないと思うのは、仏教以外の人が言うことである。

仏の教えでは、修行と証りは一つである。今言う坐禅も、証りのうえでの修行であるから、初心者の弁道（修行）はそのまま本来の証りのあり方の全体を現しているのである。そうであるから、修行の心得を授ける場合でも、修行のほかに、証りを期待してはいけないと教える。修行が直ちに本来の証りのあり方を現しているからである。すでに修行が証りであるから、証りに際限（終わり）はなく、証りのうえでの修行であるから、修行にはじめ（初心者であるとか未熟であるとか）はないのである。このようなことで、釈迦如来も迦葉尊者も共に証りのうえの修行（坐禅）に受用させられ、達磨大師も大鑑高祖も同じく証りのうえでの修行（坐禅）に引き転がされたのである。仏の教えを代々受け継いできた様子は、みなこのようである。

すでに証りを離れない修行（坐禅）がある。私たちは幸いに、一分の妙修を単伝したが、初心者の弁道（修行）におけるその一分の妙修がそのまま一分の本証を無為（坐禅）の地（ところ）に得ていることになるのである。心得ておきなさい、修行を離れない証りを汚さないために、仏祖はしきりに修行をゆるめてはいけないと教えている。妙修を無心に行うと本証が満ちあふれ、本証を忘れてしまえば妙修が全身で行われるのである〉

「修証一等」というのは、修行と証りが一つであるということです。一般的には、修行を積んで、少しずつ磨かれていって、最終的に証りという究極の目標が達成されると思われています。

実は確かにそういう面もあります。たとえば、入社一年目の新入社員と、勤続三十年のベテランとでは、明らかに違います。仕事をこなす能力に大きな差があります。修行道場においても同じです。新米の修行僧（新到《しんとう》という）と三年、五年と修行した修行僧（古参《こさん》という）とでは、身のこなしも風格もまったく違います。また、修行から戻ってきたばかりの新米住職と、五十年も住職を務めた老僧とでは、これまた貫禄《かんろく》が違います。確かに、人間は磨かれるのです。

しかしながら、能力に差があっても、一生懸命に行うということにおいては等価値である、と認めるのが「一等」ということではないかと私は思います。五十歳のベテラン社員でも、新入社員の時代があったわけですし、その頃からの積み重ねがあるからこそベテランになったわけですから、積み重ねの一日一日が大切であるのです。たゆみない努力、怠りなき修行、そのことにおいては、初心者も熟練者も同じでなければならない、そのことは同等に評価されなければならない、ということです。

扇子を使えば風が起こる

修証一等と同様な意味を表した言葉に「本証妙修《ほんしょうみょうしゅ》」があります。先に引用した『弁道話』のなかに出てまいりましたが、言葉を換えて言いますと、証りは最終的な結果として獲得されるものではなく、修行のはじめから修行のなかに現れているので「本証」（本来の証り）と言い、修行は単に悟るための手段・方法ではなく、証りを現す修行ですので「妙修」（妙《たえ》なる修行、素晴らしい修行）と言うのです。つまり、坐禅などの修行は、「本証」を「妙修」していることと言えます。

このことをたとえたのが、次の『正法眼蔵《しょうほうげんぞう》』「現成公案《げんじょうこうあん》」の末尾に出てくる話です。

麻谷山宝徹《まよくさんほうてつ》禅師*1、あふぎをつかふちなみに、僧、きたりてとふ、風性常住、無処不周なり、なにをもてかさらに和尚あふぎをつかふ。師いはく、なんぢ、ただ風性常住をしれりとも、いまだところとしていたらずといふことなき道理をしらず、と。僧いはく、いかならんかこれ無処不周底の道理。ときに、師、あふぎをつかふのみなり。僧、礼拝す。

仏法の証験*2、正伝の活路、それかくのごとし。常住なれば、あふぎをつかふべからず、つかはぬおりも風をきくべきといふは、常住をもしらず、風性をもしらぬなり。風性は常住なるがゆゑに、仏家の風は、大地の黄金なるを現成せしめ、長河＊3の酥酪《そらく》＊4を参熟せり。

＊1麻谷山宝徹禅師……中国唐代の禅僧。馬祖《ばそ》道一《どういつ》の法嗣。生没年不詳。＊2証験……証拠。確かなしるし。＊3長河……天の川、長い川。＊4酥酪……牛や羊の乳から精練・熟成した美味な飲料。

〈麻谷山宝徹禅師が、扇子を使っていたとき、僧がやって来て質問した。

僧「風の性質はどこにでもあって、風が至らないところはないはずですが、どうしてさらに和尚は扇子を使うのですか？」

宝徹「おまえは、ただ風の性質はどこにでもあることは知っているが、いまだ至らないところがないという道理を知らないな」

僧「それでは、いまだ至らないところがないという道理は、どのようなことでしょうか」

宝徹はただ、扇子を使ってみせた。僧は（気づくところがあって）お礼の礼拝をした。

仏法を明らかに悟るということ、そして正しく伝わった仏法の生かし方というのは、この話のようなものである。風は行きわたる性質のものだから、扇子を使う必要がない、使わなくても風はどこにでもあるものだという者は、どこにでもあるということも分からず、風の性質も知らないのである。風の性質はどこにでもあるからこそ（扇子を使えば、風が起こるのである。同様に、）仏の世界の風は、大地が黄金であることを目の前に現させ、長河の酥酪を参熟させたのである〉

この話では「風性常住」（風はどこにでもあること）が本証を、「無処不周底の道理」（扇子を使うこと）が妙修にあたると考えられます。つまり、宝徹禅師は、風性（風の性質）が常住（どこにでもある）であるということ（＝本証）を、扇子を使うということ（＝妙修）によって、実証したのです。だから道元禅師は、「常住なれば、あふぎをつかふべからず、つかはぬおりも風をきくべきといふは、常住をもしらず、風性をもしらぬなり」と言われるのですが、何をたとえているかと言いますと、本証（本来さとっている）であるから修行しなくてもよい、修行しなくても証りが備わっているというのは、本証ということも修行ということも知らない、と言っているのです。「風性は常住なるがゆゑに、仏家の風は、大地の黄金なるを現成せしめ、長河の酥酪を参熟せり」というのは、修行は本証を現すものであるから、仏家の家風では、修行によって本証を現させ、修行によって本証を成熟させたのであると示されたものと受けとることができます。

まことに、そのとおりです。風はどこにでもあるから何もしなくてもよい、というものではなく、風の性質というのはどこにでもあるからこそ、扇子やうちわや、扇風機を使えば、どこでも風は起こるのです。この、使うということが大切なのです。同様に、仏の性質や、さとりの素質は、みんなが持っているわけです。

そして、どこにいても扇子やうちわを使えば風が起こるように、みんな誰でも修行すれば、仏の性質や、さとりというものが現れると言うのです。

スタートしたときがゴールのとき

阿耨多羅三藐三菩提《あのくたらさんみやくさんぼだい》*1は、かならず出家の即日に成熟《じようじゆく》するなり。しかあれども、三《さん》阿僧祇劫《あそうぎこう》*2に修証し、無量阿僧祇劫に修証するに、有辺無辺《うへんむへん》*3に染汚《ぜんな》*4するにあらず。（『正法眼蔵』「出家功徳」）

*1阿耨多羅三藐三菩提……インドの言葉の音写語。意訳では無上正等正覚《むじようしようとうしようがく》。釈尊と同等な、このうえなく正しいさとり。　*2三阿僧祇劫・無量阿僧祇劫……無限に近い時間。　*3有辺無辺……辺は「～の側、～の立場」の意。どんな立場

（ところ）にあっても。＊4染汚……汚れること。煩悩・欲望にまみれること。

ここでは、修行をやめてしまうことをいう。

〈釈尊と同等の素晴らしいさとりは、出家したその日に成熟するのである。そうであるが、無限に近い時間、仏道を歩むなかで、修行をやめてしまってはいけない〉

ここで、道元《どうげん》禅師は、出家した日がさとりを成就した日だと言っています。でも条件があるのです。修行をやめてはいけない、ということです。修行を続けていけば必ず釈尊のような素晴らしいさとりが開ける。修行をやめさえしなければ、出発点において、確実にさとりはあるのです。一日、一日の修行のほかにさとりはないのです。毎日の努力のほかに成功はないのです。

簡単に言えば、スタートしたときがゴールのときということになりましょうか。でも、マラソンで言えば、スタートしただけではダメです。走りつづけなければなりません。走りつづければ必ずゴールがある。一歩一歩走るということが大切で、その一歩がなければゴールはないのです。

「千里の道も一歩から」という言葉もあります。まずは歩み出すこと、そして歩みをやめてしまわないこと。そうすれば確実に前進し、必ずや到着します。そして、到着したときに分かるのです。歩みの一歩一歩のなかにこそ、到着のそのときとなんら変わらない大きな意義があったことを。

学ばないで禄を得る者はいない

仏道は必ず行に依りて証入すべき事。

右、俗に曰く、学べば乃ち禄《ろく》その中に在り*1と。仏言《のたま》わく、行ずれば乃《すなわ》ち証その中に在りと。未だ嘗《かつ》て学ばずして禄を得る者、行ぜずして証を得る者を聞くことを得ず。縦《たと》い行に信法頓漸《しんぽうとんぜん》*2の異《い》ありとも、必ず行を待って証を超ゆ。縦い学に浅深利鈍《せんしんりどん》の科《か》ありとも、必ず学を積んで禄に預《あずか》る。（『学道用心集《がくどうようじんしゅう》』、原漢文）

＊1学べば～在り……『論語』の言葉。「学也、禄在其中矣」。すなわち、人才登庸を得て俸禄を得るか否かは修学にあるという意。＊2信法頓漸……修行における四つの方途。信は随信行（鈍根の者が他人の説に随《したが》って信仰を生じ、その信仰によって修行すること）、法は随法行（利根の者が自己の智力をもって仏法を知り妄念を除くこと）、頓は頓悟（利根の者が頓速に仏法の真意を悟ること）、漸は漸悟（鈍根の者が次第・順序を追って漸次に修行を進めること）。

〈仏道は必ず行によって、証《さと》りを得るべきであること。

右のことについてであるが、世間では「学べば、禄《ろく》はそのなかにある」と言う。仏は「修行すれば、証りはそのなかにある」とおっしゃっている。いまだかつて、学ばないで禄（俸禄）を得る者や、修行しないで証りを得る者があると聞いたことがない。たとえ行に信・法・頓・漸の違いがあっても、必ず修行をして証果を超えてゆく。たとえ学に浅・深・利・鈍の科（程度）があっても、必ず学を積んで禄に与《あずか》るのである〉

これは『学道用心集』という書物のなかで、道元禅師が示している言葉です。『学道用心集』は、修行者に対して修行の心得十カ条を示したもので、修行の重要性を示している部分です。「修行すれば、証《さと》りはそのなかにある」ということを、『論語』の「学べば禄そのなかにあり」という言葉にたとえています。

「結果よりも過程が大切」ということが言われます。その反面、「結果よければ、すべてよし」という言葉もあります。確かに結果は大切ですが、道元禅師はそれと同等に、その過程が大切であると教えているのです。

第10章　行持道環――修行に終わりはない

無限に円環する仏の道

道元《どうげん》禅師の教えの特徴を表す言葉として「行持道環《ぎょうじどうかん》」という言葉があります。「行持」の行というのは、修行の行であり、持というのは持続すること、護持することです。つまり、仏の教えにしたがって修行し、その修行を怠りなく持続していくことを言います。

「道環」の道とは、仏道(仏の道、仏の生き方、仏の教える生きる道)のことで、環とは、まるい輪のことで、円形のものはどこが始まりでどこが終わりか分からないように、仏の道が、隙間《すきま》なく、終わりなく連続していくことを言います。

仏祖の大道、かならず無上の行持あり。道環《どうかん》して断絶せず。発心《ほっしん》・修行《しゅぎょう》・菩提《ぼだい》・涅槃《ねはん》、しばらくの間隙《かんげき》あらず、行持道環なり。このゆゑに、みづからの強《ごう》為《い》[1]にあらず、佗《た》[2]の強為にあらず、不曾染汚《ふぞうぜんな》の行持[3]なり。この行持の功徳、われを保任《ほにん》[4]し、佗を保任す。その宗旨《しゅうし》[5]は、わが行持、すなはち十方の匝地漫天《そうちまんてん》[6]みなその功徳をかうぶる。佗もしらず、われもしらずといへども、しかあるなり。このゆゑに諸仏諸祖の行持によりて、われらが行持見成《げんじょう》[7]し、われらが大道通達《つうだつ》[8]するなり。われらが行持によりて、諸仏の行持見成し、諸仏の大道通達するなり。われらが行持によりて、この道環の功徳あり。（『正法眼蔵《しょうぼうげんぞう》』「行持《ぎょうじ》」）

＊1強為……強いて為《な》すこと。＊2佗……他人の意。＊3不曾染汚の行持……いまだかつて染汚しない行持。「染汚しない」とは、怠らず、功徳を求めないこと。＊4保任……保護任持の略。おのれのものとして大事にすること。＊5宗旨……宗の要旨。宗門の奥義。＊6匝地漫天……全地全天。全世界のこと。＊7見成……現成と同じ。現れること。＊8通達……通じ達すること。

〈仏〉（釈尊《しゃくそん》）や祖（代々の高僧）が歩んだ大いなる道には、必ずこのうえなく尊い行持がある。この行持はまるい輪のようにはじめも終わりもなく、絶えることがなく、発心《ほっしん》・修行《しゅぎょう》・菩提《ぼだい》・涅槃《ねはん》といった行持の間には、少しも隙《すき》間《ま》はない。これが行持道環である。であるから、仏や祖は自分で頑張って修行（行持）したのではなく、他人に押しつけられて修行したのでもなく、あたりまえに修行したのである。このあたりまえの修行の功徳が、私を仏として保ち、他人をも仏として保つのである。その大切な意義は、私の修行の功徳を、そのまま全世界が受けるのである。そのことは、私も他の者も認識することがなくても、そうであるのである。だから、仏や祖の修行によって、今の私たちの修行が現れ、私たちの大いなる道が成し遂げられるのである。逆に言えば、私たちの修行によって、もろもろの仏の修行が現れ、もろもろの仏の大いなる道が成し遂げられるのである。私たちの修行によって、仏の道が永遠に受け継がれてゆく功徳があるのである〉

修行に終わりはない

さて、「行持道環」という言葉には、二つの大切な意味があります。一つは今を生きる仏教の修行者にとって、「発心・修行・菩提・涅槃」と段階的に考えられている修行が、実は段階的なものではなく一つであることを示しています。

もう一つの意味は、もっと永い時間の流れのなかで、つまり釈尊の時代から代々、教えや実践を受け継ぐ高僧たちによって、その教えや実践が、断絶することなく行われてきたこと、そして今後もそうあるべきことを言ったものです。

第一の、修行には段階がないこと、終わりがないことについてですが、実際には

「発心・修行・菩提・涅槃」という段階があります。

「発心」とは発菩提心《ほつぼだいしん》の略で、仏道を求める心を発《お》こすことを言い、そして修行が始まります。「修行」とは久修練行《くじゅれんぎょう》の略で、久しく修練を行い励むことであり、その結果、菩提《ぼだい》を得るのです。「菩提」とは成道《じょうどう》（悟りを開く）のことで、成道して涅槃《ねはん》に入ります。「涅槃」とは煩悩を滅することであり、悟りを開いた状態をさしますが、これにはまた、有余《うよ》涅槃と無余《むよ》涅槃があり、有余涅槃とは、煩悩を滅した覚者（悟りを開いた者）がまだ肉体を有する生前の状態であり、無余涅槃とは覚者が肉体をも滅した死後の状態であるとされます。この無余涅槃の考えから、仏の死を涅槃とも言うのです。

つまり、通常、「発心・修行・菩提・涅槃」とは、発心して修行を始め、修行の結果、菩提を成就し、有余涅槃の状態に入り、ついには肉体の死を迎えて無余涅槃の状態に入る段階をいうのであると言えます。

しかし道元禅師は、「発心・修行・菩提・涅槃、しばらくの間隙あらず」と、これらの間には段階がないと言います。発心＝修行＝菩提＝涅槃であると言うのです。

つまり、発心のところに必ず修行があり、修行のところに菩提（さとり）が現れているとするのです。

発心と畢竟は別物ではない

発心畢竟二無別、
如是二心先心難。
自未得度先度他、
是故我礼初発心。
初発已為天人師、
勝出声聞及縁覚。
如是発心過三界、
是故得名最無上。

発心《ほっしん》*1、畢竟《ひっきょう》*2、二つながら別無《な》し、
是《か》の如《ごと》くの二心は、先の心難《かた》し。
自《じ》未《み》得度《とくど》先度《せんど》他《た》*3なり、
是《こ》の故に我れ、初発心《しょほっしん》を礼《らい》す。
初発に已《すで》に天人師《てんにんし》*4為《た》り、
声聞《しょうもん》及び縁覚《えんがく》*5に勝出《しょうしゅつ》せり。
是《か》の如《ごと》くの発心、三界《さんがい》に過《こ》えたり*6、
是《こ》の故《ゆえ》に、最無上《さいむじょう》と名《な》づくることを得《え》たり。

*1発心……発菩《ほつぼ》提心《だいしん》の略。仏の教える道を歩み、菩提を求める心を発こすこと。また、仏と同様の心を発こすこと。仏道に入る最初の一念のこと。ここでは、具体的に「自未得度先度他」という心を発こすことを言う。*2畢竟……「要するに、つまり」「結局」の意味であるが、ここでは「究極のところ」をいう。具体的には仏教の究極的な到達点である釈尊と同等のさとりをさす。*3自未得度先度他……「自ら未だ度《わた》るを得ざるに、先づ他を度《ど》せん」と読み下す。自分より先に、

いっさいの人々をさとりの世界に渡すこと、菩薩《ぼさつ》（大乗仏教の修行者）の誓願の一つ。＊4天人師……仏の十号（十種類の呼び方）の一つ。人間や天衆《てんしゅ》（天界に住む者）を導く師であることから言う。＊5声聞・縁覚……大乗仏教が旧仏教としての部派仏教の人々を批判的に言った言葉。声聞は、教えを聞いて悟りを開く者、縁覚は他の教えによらず自ら縁起の法を観じて悟りを開く者。ともに自利（自らの向上、自分が悟りに至ること）ばかりを求める者として批判された。＊6三界に過たり……三界とは、欲界（欲望のうずまく心）・色界（欲望を離れた心）・無色界（きわめて静まった安定した心）をいうが、「自未得度先度他」の心はこれらを超えた心であること。

道元禅師が『正法眼蔵』「発菩提心」の巻で引用している、『大般涅槃経《だいはつねはんぎょう》』三十八、「迦葉菩薩品《かしょうぼさつぼん》」の一節です。発心とは、いちばん初めに、道を求める心を発《お》こすこと。畢竟とは、最終的な到達点、究極の境涯です。これは二つのものではあるけれども、別なものではないというのです。いや、かえって最初に道を求める心を発こすことのほうが難しいと言っています。

それでは、道を求める心を発こすとはどういう心かというと、「自未得度先度他」（自ら未《いま》だ度《わた》るを得ざるに、先《ま》づ他を度《ど》せん）という心、つまり、自分より先にいっさいの人々をさとりの世界に渡そうという心を言います。この心を発こせば、もう天人師（仏の異名）であるというのです。

最初の出発点が大切なのです。出発のときに、正しい方向に出発すれば、確実に目的地に近づいてゆきます。だから、出発点は到達点ではありませんが、正しい方向に向かって出発すれば必ず到達するわけですから、到達は確実なのです。むしろ、難しいのは、正しい方向に向かって出発することです。

ところで、具体的に正しい方向というのは、どのような方向かと申しますと、それが「自未得度先度他」ということです。理想的な向こう側の岸に自分がまず渡るのではなく、いっさいの人々を先に向こう側の岸に渡らせてあげるというのです。迷い苦しんでいる人々は無限にいますから、自分はいつまでたっても渡れないわけです。修行は永遠に続くのです。実は、「発心」して自未得度先度他の心を発こして、その実践「修行」を続ける、そのような姿こそ「菩提」であり、「涅槃」まで続くのです。発心・修行・菩提・涅槃は一つのものであり、環《わ》のようにつながってゆきます。それが、「行持道環」という言葉の第一の解釈です。

行持が受け継がれていく

「行持道環」のもう一つの解釈は、釈尊の時代から代々、教えや実践を受け継ぐ高僧たちによって、その教えや実践が、断絶することなく行われてきたこと、そして今後もそうあるべきことです。

先ほどの引用文にあったように、仏や祖は自分で頑張って修行（行持）したのではなく、他人に押しつけられて修行したのでもなく、あたりまえに修行したのであると言われます。この、頑張ったり、押しつけられたりせず、自然に行われた修行が、私を仏として保つというのです。私を仏として保つだけでなく、他人も、そして全世界をも仏として保つと言われます。

自分でそのように認識できなくても、そうであるというのです。釈尊から代々、多くの高僧たちが同様な修行を受け継ぎ伝えてきたので、今、私たちが同じ修行を行うことができ、道を成し遂げることができます。そして、逆に言えば、私たちの修行しているところに、代々の高僧が受け継いできた仏の修行が現れるわけですから、ここに仏の大いなる道が成し遂げられているとも言えます。今の私の修行によって、仏の道が永遠に受け継がれてゆくことになります。それが修行の功徳であるのです。

修行というと堅苦しいかもしれませんが、文化でも芸術でも、工芸でも科学技術でも、みな同じです。昔から、多くの人々によって代々、行われて受け継がれてきているでしょう。

現代、情報技術が驚くべきほど発展し、たとえばインターネットやスマートフォンなどを用いて膨大な情報を手に入れたり、さまざまなサービスを受けたり、これを応用することによって生活様式の種々の刷新が図られようとしています。これは突如として起こったものではなく、これまでの科学技術の積み重ねによって、あり得ているのです。代々の科学者や技術者は、まずは、これまでの科学や技術を習得し、これをすべて修得したうえで、その上に積み上げてゆきます。もちろんそれ以前には、小学校・中学校と基礎的な教育を受け、さらに高校・大学などで専門的な学問を学ぶということが行われてのことです。これまでの多くの人々の積み重ねのうえに今があることは、あらためて言うまでもありません。

伝統工芸などもそうです。代々、その技を親から子へ、師から弟子へと、時には厳しく、時にはやさしく手取り足取り、親しく受け継いできたからこそ、今日に伝わっています。その多くは、言葉や文字のみで伝えられるものではなく、人から人へ、実際に見て聞いて教わって、受け継がれてきたわけです。もしも、人類の半分が滅亡すれば、何千年と築き上げてきたものの半分以上を失うことになるでしょう。

家庭においてもそうです。たとえば、仏壇にお参りをします。おじいさん、おばあさんや、お母さんやお父さんが、毎朝お参りをしていれば、自然と子どもや孫がそれをまねします。ああ、こうするものなんだと思うわけです。その習慣が受け継がれてゆきます。

仏教の修行もそれと同じです。師から弟子へと、仏の道の生き方が受け継がれてゆきます。二十年、三十年と一緒に生活するうちに、日常生活のあらゆる作法や、身のこなしや、言葉遣いや、先輩に対する態度や、後輩の指導のしかたを学びます。言葉によって学び、見て学び、そして心で感じて覚えるのです。

たとえば、庭掃除にしても、捨てるものは何もないのです。小枝や落ち葉はかまどで焚《た》く（今では生活様式の変化で、そのようなことをしているところはきわめて少なくなりましたが）、大きな石は雨落ちに置く、小石や土は地面のへこんだところに入れて平らにする。そうすると、みな片づいてしまうのです。むだなものはありません。

お風呂《ふろ》に入るときも、まずは身体をきれいに洗って浴槽に入ります。そうすれば、お湯はあまり汚れず、みなが気持ちよく入浴できます。東司《とうす》（手洗い）も、一人一人がきれいに使い、汚したら、すぐにきれいにしておけば、さほど汚れることはありません。

このようなことは一例ですが、代々、師から弟子へとさまざまなことが伝えられます。そして、仏の教えや実践が、代々、断絶することなく受け継がれてゆくのです。

仏教では、仏・法・僧の三宝《さんぼう》を大切にします。仏とは仏教を開かれた釈尊、法とは仏によって説かれた教え、僧とは法を実践する人々です。

釈尊（仏）がいなかったら仏教はあり得なかったでしょうし、釈尊が教え（法）を説かなかったら何も受け継がれなかったでしょうし、仏が法を説いても、それを代々実践し受け継ぐ人々（僧）がいなかったら、仏教は今日まで存在しつづけることはなかったでしょう。仏・法・僧のどの一つがなくても仏教は成り立たないのです。だから仏教では、この三つを大切にしています。

道元禅師は、日常生活のあらゆる行為について、事こまかく心得や作法を説いています。坐禅《ざぜん》の作法はもちろん、洗面のしかたや歯の磨き方、手洗いでの作法、食事作法、あるいは料理を作るうえでの心得など、経典や律（生活規則や作法を示したもの）によりながら詳細に説いています。

なぜなら、それが仏が定め、実践された生き方であり、その生き方を自分が行うことによって、仏とまったく同様の生き方ができるからです。修行というのは、仏となることを目ざして行うものではなく、仏の生き方をそのまま自分も行うことであると、道元禅師は言われます。

仏とは、素晴らしい心を持った存在であることは確かですが、いまだ仏のような心を持つに至らなくても、仏の生き方をまね、行っているうちに、しだいに心も、仏の心に近づいてゆく、とも道元禅師は言っています。

心を成長させてからよいことを行おうというのではありません。よいことを行っているうちに心は成長してゆくのであろうと思います。

心と体は一つのものでありますから、まずはよいことをするよう心がけ、それを持続してゆくことが大切です。

第11章　大修行——結果を求めない修行

「大修行」という言葉は、必ずしも道元《どうげん》禅師が頻繁に用いられている言葉ではありません。しかしながら、この言葉は仏教における重要な「因果」の問題と関わるものであり、道元禅師の大切な教えであると思われますので、取り上げました。

「大修行」というのは、大いなる修行ということですが、この言葉について説明するのに、まず、この言葉が取り上げられている禅の公案（禅を学ぶ者が悟りを得るために取り組む問題）について説明する必要があります。その公案というのは、「百丈野《ひゃくじょうや》狐《こ》の話」といわれる次の公案です。

百丈野狐の話

洪州百丈《こうしゅうひゃくじょう》山大智《さんだいち》禅師＊1〈馬祖《ばそ》に嗣《し》す。諱《いみな》は懐海《えかい》〉、凡《およ》そ参《さん》＊2の次《つい》で、一老人有りて、常に衆に随って聴法す。大衆若し退けば、老人も亦《ま》た退く。忽《たちま》ち一日退かず。

師、遂《つい》に問ふ、「面前に立つ者は、復《ま》た是れ何人ぞ」。老人対《こた》へて曰く、「某甲《それがし》は是れ人にあらず。過去迦葉仏《かしようぶつ》*3の時に於いて、曾《かつ》て此の山に住す。因に学人問ひき、『大修行底の人、還《ま》た因果に落つるや也《ま》た無《なし》や』と。某甲、他《かれ》に答へて云ひき、『不落因果《ふらくいんが》*4』と。後五百生《ごひやくしよう》*5、野狐身《やこしん》*6に堕《だ》す。今、請《こ》ふ、和尚、代って一転語《いってんご》*7したまへ。貴《ねがわ》くは野狐身を脱せんことを」。遂に問ふて曰く、「大修行底《だいしゆぎようてい》の人、還《ま》た因果に落つるや也た無や」。師云く、「不昧因果《ふまいいんが》*8」。老人、言下《げんか》*9に大悟す。（後略）
（『正法眼蔵《しようほうげんぞう》』「大修行」）

*1洪州百丈山大智禅師……百丈懐海《ひやくじようえかい》のこと。馬祖道一《ばそどういつ》の法嗣（法を受け継いだ弟子）。洪州は江西省南昌県の通称。*2参……小参・晩参の略。方丈（住持＝住職の居室）での住持の説法。*3迦葉仏……釈尊以前の仏。ここでは、遠い昔の意。*4不落因果……因果に落ちないこと。因果の道理に左右されない。*5五百生……五百回生まれ変わる。幾度もキツネの身体を受けて生まれ変わったこと。*6野狐身……キツネの身体。*7一転語……修行者を悟りに導く転機となる強い意味のある言葉。*8不昧因果……因果をくらまさないこと。因果歴然と同意。*9言下に……その言葉を聞いて直ちに。

〈洪州の百丈山大智禅師のもとでの話であるが、小参のおり、一人の老人がいつも大衆（修行僧）に混じって説法を聞いていた。大衆が退出すると、老人も退出するというようすであった。ある日のこと老人は退出しなかったので、師（百丈）は、その老人に質問した。「目の前に立っている者は、いったい何者だ？」。老人が答えて言った。「私は人間ではありません。はるか遠い昔、この百丈山の住持（住職）をしておりました。あるとき、学人から、『大修行をしている人も、因果の道理に支配されるのでしょうか、されないのでしょうか？』と質問されたので、私は、『因果の道理に支配されない』と答えました。そのため（その答えが誤りであったためか）あとの五百生、キツネの身体を受けております。今、お願いいたします、どうか和尚さま、私に代わって一転語をさし示してください。そして、できることならばキツネの身体からお救いください」と言って、質問した。「大修行をしている人も、因果の道理に支配されるのでしょうか、されないのでしょうか？」。師（百丈）は言った、「因果の法則は明らかであり、くらますことができない」。老人はその言葉を聞いて大いなる悟りを得た〉

これが「百丈野狐の話」という公案です。後半部分は省略しましたが、その後、寺の裏山に一匹のキツネが死んでいたので、百丈は、このキツネを修行僧として葬るのです。

さて、「不落因果」とか「不昧因果」という言葉が出てまいりましたが、これらを説明する前に、まず、仏教における因果の問題について説明しておきます。

因果は歴然

因果とは、原因と結果のことです。あらゆるものごとには、因（原因）があり、これに縁（条件）が加わって、結果が生じます。これが、因果あるいは因縁果の法則です。

仏教では「縁起」ということを説きますが、縁起とは、便宜的に書き下せば「縁《よ》りて起《お》こる」であり、「因縁生起《いんねんしょうき》」（因縁によって生起する）の略語ともされ、よく知られた仏典の言葉を挙げれば、

A「これ生ずれば、かれ生ず」「これ滅すれば、かれ滅す」

B「これ有れば、かれ有り」「これ無ければ、かれ無し」

という言葉が意味するところであります。

Aは「因果関係」を述べたものであり、Bは「依存関係」を述べたものと言えます。

まず、Aの因果関係について言えば、現実の結果（果）には必ず原因（因）があり、それに縁（条件）が加わって結果（果）が生ずる、ということです。

あらゆるものごとには原因があり、それに条件が加わって結果が生じるということですから、何を例に挙げてもいいのですが、たとえばこれを、地球環境問題の一つである「酸性雨」の問題に当てはめて見てみますと、大気中の汚染物質が雨水に溶けて硫酸や硝酸になって降ってくる、それが酸性雨です。

一九六〇年以降、北欧やカナダの川や湖で魚がいなくなるという現象が起きました。これが結果（果）です。このような現象が現実の問題として起きたのです。その原因（因）を調べると、川や湖の水が強い酸性となっており、そのために魚が死滅したことが明らかになりました。これが原因です。つまり、川や湖の水が強い酸性になったので、魚が死んでしまったわけです。この、水の強い酸性化という原因も、実は結果（果）であったのであり、原因（因）は酸性雨にあったのです。pH（水素イオン指数）五・六以下の雨を酸性雨といいますが、一九六〇年以降、pH四・〇以下の強い酸性のものが珍しくないといわれます。ちなみに、ワインはおよそ四、酢酸は三、胃酸が二程度だということです。

そして、この酸性雨もまた結果であったのです。すなわち、酸性雨の主な原因は、自動車、工場、火力発電所から出る硫黄《いおう》酸化物（SO_x）や窒素酸化物（NO_x）などの大気汚染物質であり、これに雨や雪という条件（縁）が加わって、酸性の雨や雪が降る。つまり、硫黄酸化物は水（H_2O）に溶けて硫酸（H_2SO_4）となり、窒素酸化物は水に溶けて硝酸（HNO_3）となって地上に降るのです。

大気汚染物質（因）が雨や雪（縁）によって大気中で化学反応を起こして硫酸や硝酸に変化し、地上に降ってくる（果）のです。

酸性雨にまた、針葉樹などの樹木や建物や彫刻などにも大きな被害を与えます。樹木について言えば、酸性雨が降る（因）と、土のなかのカルシウムやマグネシウムと化学反応を起こして（縁）、貴重な栄養分を流してしまう（果→因）。その結果、植物は病害虫の被害に遭いやすくなり、やがて枯れてゆく（果）というわけです。

さて、以上、述べましたように、「因」「縁」「果」を固定化することはできません。因は果であり、果が因となって、それに縁が加わってまた果を生じる。縁についても、これを果とも言えるし、また因にもなるのです。とにかく「これ生ずれば、かれ生ず」で、現実はそのように、複雑に関係しながら展開してゆくのです。

それでは、酸性雨の問題の解決は、どうなされればいいのかと言えば、先ほどの「これ滅すれば、かれ滅す」という言葉がそれにあたるのですが、酸性雨の問題の大きな原因である硫黄酸化物や窒素酸化物などの大気汚染物質を出さなければよいということになります。そのためには、さらにその大気汚染物質の発生の原因となっている自動車の使用を減らし（都会のN O^{x}の半分が自動車の排ガス）、電気のむだ使いをやめる（火力発電所の発電量を減らす）ことが大切となってきます。

考えてみれば、あたりまえのことかもしれません。この「あたりまえのこと」はきちんと説明すれば誰でも分かります。この誰でも分かる「あたりまえのこと」が仏教の「縁起」ということなのです。だから、仏教は特別の難しい教えではないのです。ちょっと言葉が難しいので、難しいものという印象を与えてしまっているのでしょう。

この「あらゆるものごとには原因があって、それに条件が加わって結果が生じる」という「あたりまえのこと」を説いたのが仏教ですが、しかし、この「あたりまえのこと」が分かっても、これを実践することは難しいのです。「あたりまえのこと」を説いたのも仏教ですが、それだけではなく、この「あたりまえのこと」を実践するという難しいことをも要求するのも、また仏教なのです。

さて、以上述べましたように、因果、つまり原因と結果は明らかであり、この法則を曲げることはできないのです。これを「因果歴然」と言います。そして仏教では、

善因楽果《ぜんいんらくか》（善因善果）……善を行えば、楽という結果がある。
悪因苦果《あくいんくか》（悪因悪果）……悪を行えば、苦という結果がある。

と説きます。道元禅師においても、この仏教の基本にしたがい、次のように言います。

おほよそ因果の道理、歴然としてわたくしなし。造悪のものは堕し、修善のものはのぼる、毫釐《ごうり》もたがはざるなり。（『正法眼蔵』「深信因果《じんしんいんが》」）

〈因果の道理は歴然（明白）であって秘めごととすることはできない。悪事を行った者は堕落してゆき、よいことを行うものは天上界にも昇る。わずかばかりの違いもない〉

原因と結果は明らかであるから、悪事を行っていると堕落してゆくし、よいことを行っていれば、素晴らしい結果があるのだと言われます。このことは、信仰的に聞こえるかもしれません。なぜなら、悪いことをしていても明るみに出ることがなく罰を受けずにいる人がいるではないかとか、あるいは、よいことを進んでしていても苦しい生活をしている人がいるではないかと、そのように思われる方がいるかもしれません。

確かに、そういう場合もありますが、現象（現に現れている象《かたち》）ではそのようであっても、内面的な深層心理の世界では、やはり因果は歴然であると言われますし、また、現象世界でも、長い目で見れば、やはり仏教で説くように因果の法則は曲げることができないものと思われます。

このように説くのが仏教であり、そしてあらゆる宗教でも、悪事をなすことを規制し、善事を行うことを勧めるのです。そうでなければ宗教ではありませんし、仏教も仏教ではなくなってしまいます。

因果は歴然である、だから進んでよいことをしなさい、というのが仏教の大前提なのです。

因果の超越

しかし、そのうえに立って、道元禅師は因果の超越を説いています。このことは、道元禅師の特徴的な思想であるとも言えます。冒頭の「百丈野狐の話」を取り上げて、道元禅師は次のように示しています。

大修行を摸得《もとく》*1するに、これ大因果なり。この因果、かならず円因満果《えんいんまんか》*2なるがゆゑに、いまだかつて落不落《らくふらく》の論あらず、昧不昧《まいふまい》の道あらず。不落因果もしあやまりならば、不昧因果もあやまりなるべし。　（『正法眼蔵』「大修行」）

*1摸得……探ること。　*2円因満果……因果が円満であること。因のなかに果

が円満に備わっていて、果を求める必要のない因であること。

〈大修行とは何かを探ってみるに、これは大因果である。この因果は、必ず因と果が円満であるから（因のなかに果が円満に備わっていて、果を求める必要のない因であるから）、いまだかつて、因果に落ちるか落ちないかの論はないし、また明らかであるか明らかでないかの言葉もない。であるから「不落因果」（因果の支配を受けないこと）がもし誤りであるというならば、「不昧因果」（因果は歴然であること）も誤りであるはずである〉

先の「百丈野狐の話」の意味するところは、「不落因果」は誤りで、「不昧因果」こそ正しいということになります。以前、百丈山の住職をしていた老人は、修行僧の質問に「不落因果」と答えて、これが誤った答えであったためにキツネになってしまい、そして百丈の「不昧因果」という言葉を聞いて悟りを得た、というのですから、そういうことになります。

しかし道元禅師は、ここで、「不落因果」がもし誤りであるというならば、「不昧因果」も誤りであるはずである、と言うのです。これは、「不落」であるとか「不昧」であるとかを超えた立場、つまり問題としない立場に道元禅師が立っていることを示しているものと受けとることができます。ここに道元禅師の、因果に関する教えの特徴が示されています。

道元禅師においては、因果は超越されているのであると私は受けとっております。ここで「超越」とはどのような意味かと言いますと、これを修行と悟りの関係について言えば、修行において、果としての悟りを求めることなく、ただひたすら仏の行いとしての修行を行ずること。つまり、修行の功（効果・功徳）としての悟りがあろうがなかろうが、そのような結果を問題とせず、因なる修行において、果なる悟りを期待せず、ただ而今《にこん》（今しかないという今）の修行あるのみでよしとする。そのとき、その人にとって、その修行は因果を超越していることになるわけです。

これは、因果の法則を無視するものではありませんし、当然のことながら因果は歴然であるのです。しかし、そのうえで、「果」（悟り）を期待しない「因」（修行）を行うということです。道元禅師はそのような修行を、「修行」の上に「大」を付けて「大修行」としたのです。

ところで、「三世《さんぜ》」ということがあります。過去世・現在世・未来世です。今の私の人生の前に過去世があり、そして死ぬと来世があるという、そのような世界が実際にあるかどうかは別として、信仰的に、死後においてよい世界に生まれることができますようにと願ってこの世で善行を積むとか、悪いことをすると来世は地獄に堕《お》ちるから悪いことをしてはならないとか、仏教においてそのような教えが説かれることもあったわけです。先ほどの「造悪のものは堕し、修善のものはのぼる」という道元禅師の言葉には、そのような意味合いもあります。

しかし、そのうえで道元禅師は「大修行」を説かれていると思われます。つまり、来世があろうがなかろうが、いかなる来世が待ち受けていようが、それはかまわず、現世においてそれを問題としないということ。さらに言えば、来世においてその報いがあるから、現世において善行を積むとか、悪行を行じないとか、そのような思惑を持つことなく、来世があろうがなかろうが、善悪の報いがあろうがなかろうが、今生《こんじょう》において、私は悪事を行わない、私は正しく生きたい、というのが因果を超越した生き方であると言えます。

因においてまったく果を問題としないとき、そのように生きる覚悟ができたとき、その人は因果歴然の道理のなかに生きていながら、因果を超越している、それが「大修行」に生きる人であるのです。修行というのは、結果を求めることなく、純粋に行われなくてはならないのです。

第12章　道得——真理を表現する

「道得《どうとく》」は、書き下せば「道《い》い得る」であり、意味は「言うことができる」ということです。この言葉は、後述するように道元《どうげん》禅師の仏法のなかでも大きな意味を持ちます。そもそも「道」には、

「道得」の意味

①みち…㋐道路、道程。㋑教え。㋒方法、手段。㋓学問、技芸など。②菩提《ぼだい》…さとり。老荘の教えである「宇宙の根本原理」としての〈道《どう》〉が、仏教のボーディ（音写語は「菩提」）の意訳語として用いられたもの。③いう…言う、語る。「報道」④みちびく…導く、治める。⑤よる…〜より。⑥したがう…従う。

など、いろいろな意味がありますが、「道得」の「道」は、「言う」「語る」という意

味です。「得」にも、「得る」「手に入れる」とか、「利益」とか、「〜できる」というような意味がありますが、ここでは「〜できる」という意味です。したがって「道得」は「言うことができる」「語ることができる」という意味になります。

言葉を大切にした道元禅師

通常、真実（事実）は言葉（言語表現）によっては表現できないとされ、それが禅の常識でもあります。先述の「冷暖自知《れいだんじち》」（冷たいとか暖かいとかを自ら知る）ということです。水の冷たさ、暖かさを他人に伝えるのに、「氷のように冷たい」とか「水温何度」などと言葉で表現して伝えることもできますが、それよりも実際にその水に手を入れてみてもらえば、言葉で表現しなくても、如実にわかってもらえるわけです。

このように、「自ら知る」「体験を通してわかる」ということを禅では大切にします。実際に自分で見る、実際に自分で聞く、自分で香りを嗅《か》ぐ、自分で味わう、自分で触れてみる、など、自分自身で体験することが大切であり、それらを言葉によって説明するのは限度があるのです。このような感覚・認識の働きと同様に、心の問題、たとえば「さとりの境涯」などもそうであり、言葉によっては示すことができないというのが禅の立場であり、であるから「不立文字《ふりゅうもんじ》、教外別伝《きょうげべつでん》」（言葉によらない教えがある）とか「以心伝心《いしんでんしん》」（心から心へ伝える）とかいうのです。

道元禅師も、禅の流れを汲《く》む方でありますから、そのような基本的立場に立っていることは確かです。しかし、道元禅師は、言葉も実に大切にされるのです。これは道元禅師の教えの重要な特徴です。

それは、道元禅師の師匠である如浄《にょじょう》の教えのなかにもそのような面がありました。あるとき、道元禅師は師の如浄に、次のように質問しています。


道元拝問、今称諸方、教外別伝、而為祖師西来之大意、其意如何。和尚示云、仏祖大道、何拘内外。然称教外別伝、唯摩騰等所伝之外、祖師西来、親到震旦、伝道授業、故云教外別伝也。世界不可有二仏法也。祖師未来東土、東土有行李、而未有主。祖師既到東土、譬如民得王也、当爾之時、国土国宝国民皆属王也。　（『宝慶記《ほうきょうき》』）

〈道元拝問《はいもん》す、「今、諸方、教外別伝《きょうげべつでん》と称して、祖師西来の大意となす、その意、如何《いかん》」。和尚示して云《いわ》く、「仏祖の大道は、何ぞ内外に拘《かか》わらん。然るに教外別伝と称するは、唯だ摩騰《まとう》等が所伝の外に、祖師西来して、親しく震旦に到って、道を伝え業を授く、故に教外別伝と云《いう》なり。世界に二つの仏法あるべからざるなり。祖師未だ東土に来たらざりしときは、東土には行李《あんり》のみ有って、未だ主有らず。祖師既に東土に到りしときは、譬《たと》えば民の王を得て、その時にあたって、国土・国宝・国民みな王に属するが如きなり」〉

道元「今、あちらこちらで教外別伝（教えの外に別に伝えられたものがある）といって、これを〝祖師西来の大意（達磨《だるま》がインドから中国に伝えた大切な教え）〟としています。その意味はどういうことでしょうか？」

如浄「仏祖の大いなる道が、どうして内・外にかかわろうか。教外別伝といっているのは、摩《ま》騰迦《とうぎゃ》（はじめて仏教を漢《かん》の国に伝来した人）等が伝えた教えのほかに、達磨がインドからやって来て、親しく中国に仏道を伝えたので教外別伝などというだけである。世界に二つの仏法があるわけではない。達磨が中国にやって来る前は、中国には教えや修行だけがあって、まだ指導者がいなかったのである。達磨が中国にやって来てからは、人民が国王を得て、国王のもとに国土や国の宝や国民が治められたようなものである」

このように、如浄の教えでも、教外別伝とはいえ「教」（経論、言葉に示された教え）を軽んじるものではなく、達磨がインドから中国に来る以前に中国に伝えられた仏教と、達磨が中国に伝えた禅とは、別のものではないと教えていたことがわかります。「世界に二つの仏法があるわけではない」というのです。ただ達磨が中国に来たときに仏法を実践する指導者を得たのであるとしています。

また、如浄の教えは、中国禅以前の大乗仏教や小乗仏教の教えを決して批判するものではありませんでした。そのことが、やはり『宝慶記』のなかに出てきます。


堂頭和尚示曰、身心脱落者、坐禅也。祇管坐禅時、離五欲、除五蓋也。

拝問、若離五欲、除五蓋者、乃同教家之所談也。即為大小乗之行人者乎。

堂頭和尚示曰、祖師児孫、不可強嫌大小乗之所説也。学者若背如来之聖教、何敢仏祖之児孫者歟。


〈堂頭《どうちょう》和尚示して曰く、「身心脱落《しんじんだつらく》とは、坐禅なり。祇管《しかん》坐禅のとき、五欲*1を離れ、五蓋《ごがい》*2を除くなり」

拝問す、「若し五欲を離れ、五蓋を除くとならば、すなわち教家《きょうけ》*3の所レ談《だんずるところ》と同じなり。すなわち大小乗の行人《ぎょうにん》たる者か」

堂頭和尚示して曰く、「祖師の児孫《じそん》、強いて大小乗の所説を嫌うべからざるなり。学者、若し如来の聖教《しょうぎょう》に背かば、何ぞ敢《あ》えて仏祖の児孫たるものならんや」〉

＊1五欲……①五感（眼《げん》・耳《に》・鼻《び》・舌《ぜつ》・身《しん》）の対象である色《しき》（物質）・声《しょう》・香《こう》・味《み》・触《そく》の五境（五塵《ごじん》）に心を奪われて起こる五種の欲望。②財欲（財産欲）・色欲（性欲）・飲食欲・名誉欲・睡眠欲の五つ。＊2五蓋……「蓋」は「おおう」という意で、煩悩のこと。貪欲蓋《とんよくがい》（貪《むさぼ》り）・瞋恚蓋《しんい》（怒り）・惛眠蓋《こんみん》（眠気を催す）・掉《じょう》悔《げ》蓋（心が動揺して不安になる）・疑蓋（疑い）の五つの煩悩。＊3教家……教祖家の略。仏の教えを種々に分析・分類して、文字言句によって説明し、自ら文字言句を研究して仏道を究めようとする者。

如浄「身も心もいっさいの束縛から解放されることこそ坐禅である。ただひたすら坐禅するとき、五欲を離れ、五蓋を除くのだ」

道元「もし五欲を離れ、五蓋を除くというのであれば、教家の者が語ることと同じではないでしょうか。それでは大乗仏教や小乗仏教の修行者と変わらないではないでしょうか」

如浄「達磨の子孫は、かたくなに大乗仏教や小乗仏教の所説を嫌ってはいけない。修行者が、もし如来の聖なる教えに背くなら、どうしてわざわざ仏弟子でいようと思うのだ（別の教えに従ったらいいではないか）」

当時の中国の禅では、それ以前の大乗仏教や小乗仏教を批判して、禅の教えはそれらを超えるものであると自負していたようであります。しかし如浄は、そのような風潮には批判的であり、教家（中国の仏教研究者）や大乗仏教や小乗仏教の教えを重んじていました。もし、それらを批判するならば、何も仏教徒でいる必要はない、ほかの宗教にでも帰依したらどうか、と言わんばかりの厳しい態度がうかがえます。

禅の教えを端的に言い表した「教外別伝」に対する如浄のとらえ方は、当時の宋代の禅僧たちとは違っていたようです。やみくもに小乗仏教を批判する禅者を批判し、「教」をないがしろにすることのなかった如浄の教えが、道元禅師に影響を与え、言葉によって説かれた経論《きょうろん》を大切にする仏法へと導いたのであろうと考えられます。

真理は言葉によって表現できる

道元禅師といえば、その深遠で難解な「言葉」が有名です。昭和初期、突如として日本の思想界、仏教界はもちろん哲学・科学といった分野の学者によって道元禅師が賛嘆されることになったのは、『正法眼蔵《しょうぼうげんぞう》』として「言葉」に示された深遠な思想でした。

そもそも道元禅師は、「坐禅」という行を第一とし、「只管打坐」を説きましたが、一方、百巻近くにも及ぶ『正法眼蔵』をはじめ、幾多の著作を残し、頻繁に上堂（法《はっ》堂《どう》での説法）を行いました。そして、言葉を実に大切にし、仏法を「言葉」で語ることに大いに力を注ぎました。それは、なぜなのでしょうか。

もちろん、当然のことながら、中国の如浄より伝えた正伝《しょうでん》の仏法を、弟子たちに、そして後代の我々に伝えたかったからでありましょう。

道元禅師は、行持《ぎょうじ》（修行の持続）の重要性を説き、師に仕え二十年、三十年と修行して、師の生活をそのまま自分のものとすることが大切であるとし、それだけでなく、その修行は世々代々にわたって存続すべきことを説きました。仏法は言葉だけによって伝えられるのではないからです。

しかし、道元禅師は、実に多くのことを語っています。それは言葉によって仏法の真理を語ることが可能であると考えたからであろうと思われます。

「教外別伝」――言葉を換えていえば「真理は言葉のなかにあるのではない」とする禅宗の教えに反するかのように道元禅師は「道得《どうとく》」を重んじています。禅の流れを汲む道元禅師としては背反的とも思われる考え方です。「道得」とは、先に述べたように、「道い《い》得る」（表現できる）ということです。さらにいえば、真理は言葉によって、また行い（修行）によって「表現できる」ということです。これが「道得」であり、仏法の表現について道元禅師の信念ともいうべきものが感じられる言説であると思います。

自分の言葉で表現する

道元禅師には「道得」と標題された法語一巻があり、『正法眼蔵』に編集されています。「道得」とは、「言うことができる」「語ることができる」という意味の言葉ですが、何を語ることができるのか、といえば、それは「法」「仏法」であるといえます。「法」とは、「さんずい」に「去（る）」という字を書きますが、しばしば、水が流れること（水が高所より低所に流れること）と説明され、水が高所から低所へと流れることは地球上どこでも同じで、時代や地域によって変わらない事実であり、真理であるから、「法」とは「真理」「事実」という意味であるなどと説明されます。「法」とは、サンスクリット語のダルマ（達磨 dharma）の意訳であり、合理性・真理をさしますが、何が真理であり、何の合理性をいうのかといえば、それは「縁起」の道理をさすといえます。縁起については前述いたしましたが、私たちの世界が因果関係によって、あらゆるものごとが複雑に関係しながら展開してゆくあり方をいいます。この縁起の道理・法則を、正しく、明らかに知ることが「さとり」であり、法は仏によってさとられたので「仏法」ともいうわけです。よって、仏法とは、この私たちの世界のあり方、大自然の法則をさし、これが仏の教えとして経典に説かれているので、「仏の教え」や「経典」のことを「法」ともいいます。

さて、ここでは「法」を一般的な言葉で「真理」と述べることにいたしますが、「ものごとの真実のすがたは言葉では言い尽くすことができない、言葉はしょせん言葉であって真理そのものではない、言葉は真理を表すひとつの表現であるが、そのすべてを言い尽くせない」というのが禅の基本的な立場です。そのような禅の基本的な立場を認めながら、ものごとを言葉によって表現しようと挑んでいるのが、また禅のおもしろさです。有名な六祖慧能《えのう》と南嶽懐譲《なんがくえじょう》の「什麼物与麼来《なにものかよもにきたる》」の話はそのことを示していると言えます。

南嶽山大慧禅師（嗣曹渓、諱懐譲）参六祖。祖曰、従什麼処来。師曰、嵩山安国師処来。祖曰、是什麼物与麼来。師罔措。於是執侍八年、方省前話。乃告祖云、懐譲会得、当初来時、和尚接某甲、是什麼物与麼来。祖云、儞作麼生会。師曰、説似一物即不中。祖曰、還仮修証否。師曰、修証即不無、染汚即不得。祖曰、祇此不染汚、是諸仏之所護念。汝亦如是、吾亦如是、乃至西天諸祖亦如是。

（真字『正法眼蔵』中）

南嶽山大慧禅師《なんがくさんだいいえ》（曹渓《そうけい》に嗣ぐ、諱《いみな》は懐譲）六祖に参ず。祖曰く、「什麼《いずれ》の処より来たる」。師曰く、「嵩山《すうざん》安国師の処より来たる」。祖曰く、「是れ什麼《なに》物か与麼《よも》に来たる」。師措《お》くこと罔《な》し。是《ここ》に於いて執侍《しゅうじ》すること八年、方《まさ》に前の話を省《あき》らむ。乃《すなわ》ち祖に告げて云く、「懐譲、当初《そのかみ》来たりし時、和尚某甲《それがし》に接せし『是れ什麼物か与麼に来たる』を会得す」。祖云く、「儞作麼生《なんじそもさん》か会す」。師曰く、「一物を説似《せつじ》すれば即《すなわ》ち中《あた》らず」。祖曰く、「還《ま》た修証を仮《か》るや否《いな》や」。師曰く、「修証は即ち無きにあらず、染汚《ぜんな》することは即ち得じ」。祖曰く、「祇《た》だ此の不染汚、是れ諸仏の護念する所なり。汝も亦た是の如し、吾《われ》も亦た是の如し、乃至《ないし》西天の諸祖も亦た是の如し」

〈南嶽山の大慧禅師（曹渓〈六祖慧能〉の法を嗣いだ、名前は懐譲）は六祖に参じた。六祖は言った、「どこから来たのか」。南嶽は言った、「嵩山の慧《え》安《おん》国師の所から来ました」。六祖は言った、「何者がこのように来たのか」。南嶽は答えることができなかった。そこで六祖のもとで修行すること八年、その答えを悟った。そして六祖に言った、「私はかつてここに来たとき、和尚様が私に質問した『何者がこのように来たのか』の答えがわかりました」。六祖は言った、「どのようにわかったのだ」。南嶽は言った、「何かを答えれば、たちまちに外れてしまいます」。六祖は言った、「その答えを得るために、修行が必要だったのか」。南嶽は言った、「修行はもちろん必要でしたが、染汚する（何かを求める）ことはしませんでした」。六祖は言った、「そうだ、その〝染汚しない〟（求めず淡々と修行する）ということが、諸仏が護られてきたところである。お前もそうであったか。私もそうである。またインドの祖師もみなそうであったのである」。〉

南嶽《なんがく》は六祖に参じたとき、「什麼《なに》物与麼来《ものかよもにきたる》」（何者が、このように来たのか）と尋ねられて答えることができず、八年の修行ののちに「説似《せつじ》一物即不中《いちもつそくふちゅう》」と答えたという話です。「説似一物即不中」とは「一物《いちもつ》を説けば中《あた》らない」という意味です。つまり、なんらかの言葉によって示せば、たちどころに的《まと》はずれとなる、ということです。六祖はこの答えを褒めたたえ、認めています。南嶽は「説似一物即不中」という言葉によってみごとに表現したのです。これが「道得」です。

当初、南嶽は慧能の「何者が、このように来たのか」という問いに対して答えられませんでした。しかし、答えられなかったということは未熟であったからではないと道元禅師は言います。道元禅師によれば「什麼物与麼来」は問いではなく、すでに道得（真理の表現）であったから、答えようがなかったのだ、というのです。しかし、仏祖であれば自らの言葉で必ず答えなければならない。そこで南嶽は八年の修行ののち、「説似一物即不中」と答え、（「説似一物即不中」も「一物」に違いありませんが）

この言葉によってみごとに真理を表現しました。

六祖の「是什麼物与麼来」も単なる質問ではないと道元禅師は解釈しています。「万物」を「什麼物《なにもの》」と言ったのであり、「什麼物」は疑著《ぎじやく》（疑問）ではないと言います。つまり六祖は、「なにもの」が「このように、来たのか」と質問したのではなく、南嶽が六祖に参じたことを「なにもの」が「このように、来た」と表現したのであるというのです。

我々は自己の存在を空間的には「なにもの」としか言いようがなく、時間的には「このように」としか言いようがありません。いや、時間的・空間的などと分別するのではなく、「なにものが、このように」としか言いようがないのです。「言いようがない」といっても、これは六祖の表現であるので、我々が真理を表現するときは、六祖の言葉を借りることなく、また別の「言い方」で、やはり真理を表現しなければなりません。もし、真理を悟った者であるならば、自らの言葉で表現できなければならないのです。

ほんとうに、わかっているなら表現できる

諸仏諸祖は道得なり。このゆゑに仏祖の仏祖を選するには、かならず「道得也《や》

未《み》」（道《い》い得《う》るや未《いま》だしや）と問取《もんしゅ》するなり。（『正法眼蔵』「道得」冒頭）

〈もろもろの仏たちや祖師たちは言い表すことができた方々である。だから、仏祖となった人が相手を仏祖として選ぶのには、必ず「言い表すことができるかどうか？」と質問するのである〉

本当に悟ったものであるならば、仏法を表現することができる。それがどのような表現、どのような言葉であってもいい、とにかく表現することができるかどうか、それができなければ、真に仏法を会得《えとく》しているとは言えない。ゆえに、師匠が法を授けるべき弟子を選ぶときには必ず、「表現することができるかどうか」と質問し、仏法を表現することができた者を後継ぎとすると言うのです。

このような道元禅師の信念は、『正法眼蔵』「心不可得《しんふかとく》」の巻の説示からもうかがえます。この巻は、周金剛王《しゅうこんごうおう》と自称する経師《きょうじ》（経典の講釈に従事する人）であった頃の徳山宣鑑《とくさんせんかん》（七八〇～八六五）が、餅《もち》売りの老婆にやりこめられる話をとりあげて、「心」とは何かを示したものです。

現在、大宋国にある雲衲霞袂《うんのうかべい》、いたづらに徳山の対不得《たいふとく》をわらひ、婆子《ばす》が霊利《れいり》なることをほむるは、いとはかなかるべし、おろかなるなり。そのゆゑは、いま婆子を疑著《ぎじやく》する、ゆゑなきにあらず。いはゆる、そのちなみ、徳山道不得《どうふとく》ならんに、婆子なんぞ徳山にむかうていはざる、「和尚いま道不得なり、さらに老婆にとふべし、老婆かへりて和尚のためにいふべし」。かくのごとくいひて、徳山の問をえて、徳山にむかうていふこと道是《どうぜ》ならば、婆子まことにその人なりといふことあらはるべし。問著《もんじやく》たとひありとも、いまだ道処あらず。むかしよりいまだ一語をも道著《どうじやく》せざるを、その人といふこと、いまだあらず。

（『正法眼蔵』「心不可得」）

〈今、大宋国にいる雲水（仏道修行者）たちは、いたずらに徳山が婆さんの質問に答えられなかったことを笑い、婆さんを賢い人だと褒めているが、まったくはかなく愚かなことだ。なぜかというと、私がここで婆さんを疑うのは理由がないのではない。つまり、徳山が答えることができなかったときに、婆さんはどうして徳山に、「和尚が答えられないなら私に訊《き》きなさい。私が和尚のために教えてあげましょう」と言わなかったのか。そして徳山が質問し、婆さんがそれに答えて、その言うことが正しかったならば、婆さんがほんとうに道を得た人であるということが分かるというものだ。しかし、婆さ

ん は質問しただけで何も言っていない。昔から、いまだ一言も仏道について語らない人を「仏の道の達人」と言うことはできないのだ〉

「徳山は確かに婆さんに打ち負かされたが、婆さんは何も語っていない。だから婆さんが本当に道を得た人であったのかどうかは分からない」と道元禅師は言います。「語る」ことより「行う」ことを重んじた道元禅師ですが、だからといって「語ることができない者」「仏法を表現することができない者」を、決して「仏の道の達人」として認めることはないのです。

第13章　自己を習う

禅は己事究明

「自己を習《なら》う」という言葉は、『正法眼蔵《しょうぼうげんぞう》』「現成公案《げんじょうこうあん》」の巻に出てまいります。言葉を換えれば「自己を学ぶ」ということ、「自分自身を明らかにする」ということになります。この章では、この「自己を習う」ということをとりあげてみます。

禅は「己事究明《こじきゅうめい》」である、という言い方がされます。禅の本来の目的は、教えを学んだり、その教えを信仰したりすることではなく、自分自身を見つめ、自分とは何かを明らかにすることであるということです。

禅の語録のなかには「己事未明《みめい》」（自分自身のことをいまだ明らかにしていない）という修行者の言葉がしばしば見いだされ、師の教えを請うという場面があります。自分自身のことをいまだに本当に分かっていない修行者が、師匠の教えを受けて修行して自分自身を明らかにすること、それが禅の最重要課題であることがうかがわれます。

道元《どうげん》禅師にも、そのような説示があります。

仏道をならふといふは、自己をならふなり。自己をならふといふは、自己をわするるなり。自己をわするるといふは、万法《まんぽう》に証せらるるなり。万法に証せらるるといふは、自己の身心および他己《たこ》の身心をして脱落《だつらく》せしむるなり。

(『正法眼蔵』「現成公案」)

〈仏道を習うということは、自己を習うのである。自己を習うというのは、自己を忘れるのである。自己を忘れるというのは、万法(あらゆる存在、もろもろの現象)に証《さと》らされるのである。万法に証らされるというのは、自己の身《からだ》と心《こころ》も、そして他人の身と心もなくなってしまうのである〉

仏の道においては、まず、この自分が問題となります。自分とは何か、私は何者なのか、いったい自我意識とは何か、なぜ自分は、この自分を自分と思い、何よりも自分を大切にするのか……と。この自分自身を明らかにすること、「自己を習う」ことから仏道は出発します。それでは、「自己を習う」ということはどういうことなのでしょう。

自己を忘れる

道元禅師は言います、「自己をならふといふは、自己をわするるなり」と。「自己を習う」といっても、自己を追究してゆくのではなく、むしろ追究してはならないと言います。「忘れろ」と言います。ここが、それ以前の禅者があまり言わない、道元禅師の教えの特徴です。「忘れる」ということで、本当に自分自身を知ることができるのか、疑問です。「自己を忘れろ」という言葉を、本当に信じればよいのでしょうか。

ところで、「信じる」ということに関連して、釈尊《しゃくそん》の覚りについて述べておきます。釈尊は難行苦行の結果、覚りを開かれました。覚りを開いてのち、難行苦行は無用であると語りました。しかし、疑問に思うのです、釈尊がもし最初から難行苦行しなかったら覚りは開けたのかどうか、難行苦行したからこそ覚りが開けたのであって、私たちもそれを倣《なら》う必要があるのではないか、と。

さて、私たちは、釈尊と同様のことを行うべきなのか、つまり私たちも釈尊のような難行苦行を行うべきなのか、あるいは釈尊の言葉を信じて、釈尊と同じ苦行を繰り返してはならないのか……。

私は、釈尊が覚りを開かれたあとの言葉を信じるべきであると思うのです。釈尊は、結局、苦行（肉体を徹底的に苦しめる修行）が無意味であることを覚り、人々に苦行は必要ないと語り、苦行にも快楽にも向かわない「中道」を説かれたのですから、私たちは、それを信じて、苦行を行わず、中道を行えばいいと私は思います。そのように「信じる」のです。そこに「信」ということがあるのでしょう。釈尊の教えを信じるのです。

信仰というと、なにやらおどろおどろしいように思われますが、そうではありません。覚りを開かれたあとの釈尊の教えを信頼すること、それが信仰ということです。

さて、道元禅師のこの教えも同様だと思います。「仏道を習う」ことは「自己を忘れる」ことでなければならない。自己を追究していってはならないというその言葉を信じるのです。この言葉は、徹底的に自己を追究した人の言葉であり、徹底的に自己を追究した結果、「自己を忘れること」の重要性を覚った人の言葉であるわけです。であれば、それを信じて、自己を追い求めることをやめ、むしろ自己を忘れる方向に最初から向かう、それが道元禅師を信仰する者の生き方です。

「仏道をならふといふは、自己をならふなり。自己をならふといふは、自己をわするるなり」とは、道元禅師の言葉のなかでも実に重い言葉であると思われます。

仏道を修行する主体である私が、初めから「無我なる自己」、つまり自己を忘れた自己になる、これは容易なことではありません。ここに「信」がどうしても必要となってきます。私たちにとってみれば、自分を追究してゆくことのほうが、かえってやさしいでしょう。教えを信じて自己を捨てることのほうがはるかに難しいと言えます。

仏法に従う

ところで、「自己を捨てる」とは、自分を殺して何でも「他」に従うというような、主体性のない生き方をいうのではありません。「長い物には巻かれよ」（目上の人や力のある人には争うより従っているほうが得である）というようなことでもありません。「自己を捨てる」というのは、具体的に「仏法に従う」ということなのです。

学道の人、各自己《おのおのみずからおのが》身を顧《かえり》みるべし。身を顧《かえりみ》ると云《いう》は、身心何様《いかよう》に持《たもつ》べきぞと顧《かえりみる》べし。然《しかる》に衲子《のっす》＊1は則《すなわ》ち是釈子《これしやくし》也、如来の風儀を慣《ならう》べき也。身口意《しんくい》の威儀《いいぎ》、皆《み》な千仏行《ぎょう》じ来《きた》れる作法あり、各其儀《おのおのそのぎ》に随《したが》うべし。俗猶《なお》服、法に応じ、＊2言、道《どう》に随《したがう》べしと云へり。況《いわん》や衲子は、一切私《わたくし》を用《もちう》るべからず。

（『正法眼蔵随聞記《しょうぼうげんぞうずいもんき》』巻一）

＊1衲子……禅僧のこと。「衲」は繕うことで、転じて僧侶の衣服をいう。衲子は、繕った衣を着た僧の意。＊2俗猶服、法に応じ……『孝経』（孔子が孝道について説いた経書）の語。「先王（先代の王）の法服にあらざればあへて服せず、先王

の法言にあらざればあへて道《い》はず、先生の徳行にあらざればあへて行ぜず。このゆゑに法にあらざれば言はず、道にあらざれば行なはず」

〈仏道を学ぶ者は、それぞれ自分の身を思うべきである。身を思うというのは、自分の身や心をどのように保つべきかと思うことである。ところで禅僧は仏の弟子であるから、仏の行いを見習うべきである。身（身体）・口（言葉）・意（心）の調え方には、みな多くの仏が行ってこられた作法がある。それぞれその作法に従うべきである。俗世間でも「衣服は法（先代の王の法）にかなったものを着け、言葉は道（先代の王の言葉）に倣《なら》って言うべきである」と言っている。ましてや僧侶は、（仏の教えに従って）決して自分の考えを用いてはならない〉

このように、私を捨てて、仏法にしたがうべきであると言うのです。そこで、仏法にしたがうということは具体的にどういうことかといえば、つぎに示すような戒をまもることになります。曹洞《そうとう》宗では出家するとき、次の十六条戒《じゅうろくじょうかい》を授かります。

【十六条戒】（三帰戒＋三聚浄戒＋十重禁戒）

「三帰戒《さんきかい》」

仏（教えを説かれた釈尊）に帰依《きえ》する。

法（仏の説かれた教え）に帰依する。

僧（教えを実践する人々）に帰依する。

「三聚浄戒《さんじゅじょうかい》」

第一　摂律儀戒《しょうりつぎかい》……悪いことをしない。

第二　摂善法《ぜんほう》戒……善いことを行う。

第三　摂衆生《しゅじょう》戒……生きとし生けるものを大切にする。

「十重禁戒《じゅうじゅうきんかい》」

第一　不殺生戒《ふせっしょうかい》……殺さない。

第二　不偸盗《ちゅうとう》戒……盗まない。

第三　不邪淫《じゃいん》戒……不正な男女関係を持たない。

第四　不妄語《もうご》戒……うそをつかない。

第五　不酤酒《こしゅ》戒……お酒を売ったり買ったり飲んだりしない。

第六　不説過《せっか》戒……他人の過《あやま》ちを言いふらさない。

第七　不自讃毀他《じさんきた》戒……自慢しない、他人の悪口を言わない。

第八　不慳法財《けんほうざい》戒……財《もの》でも法《おしえ》でも、与えることを惜しまない。

第九　不瞋恚《しんい》戒……怒ってはならない。かっとなって怒らない。
第十　不謗三宝《ぼうさんぼう》戒……仏・法・僧の三宝をけなしてはならない。

これらの「決まり」をまもって生きる、それが「仏法にしたがう」ということです。
また、道元禅師が言う、「自己を忘れる」ことが、出家者にとっては仏法に随順することであることは次の言葉からも知られます。

一日示云《じにいわく》、人、其《そ》の家に生れ、其《そ》の道に入らば、先づ其の家の業を修《しゅ》すべし、知《しる》べき也。我が道に非《あら》ず、自《おの》が分《ぶん》に非ざらんことを知り修するは、即《すなわち》非也。今出家の人として、即仏家《ぶつけ》に入り、僧道に入らば、須《すべから》く其ノ業を習《ならう》べし。其ノ儀を守ると云《い》ふは、我執《がしゅう》を捨て、知識の教《おしえ》に随《したが》ふ也。其大意は、貪欲無《とんよくなき》也。貪欲無《なか》らんと思はば、先　須《まずすべからく》レ離二吾我一《ごがをはなるべき》也。吾我《ごが》を離るるには、観無常《かんむじょう》是れ第一の用心也。世人多《おおく》、我は元来《もとより》人に能《よし》と言《いわ》れ思はれんと思ふ也。其《それ》が即よくも成得《なりえ》ぬ也。只《ただ》我執を次第に捨《すて》て、知識の言に随ひゆけば、昇進する也。理を心得たる様に云へども、しかありと云へども、我《われ》は其の事が捨得《すて》ぬと云て、執し好み修するは、弥《いよいよ》沈淪《ちんりん》する也。禅僧の能《よ》く成る第一の用心は、祇管《しかん》打坐すべき也。利鈍賢愚を論ぜず、坐禅すれば自然に好《よ》くなるなり。

（『正法眼蔵随聞記』巻二）

〈ある日、教えて言われた。「人はその家に生まれ、その道に入ったならば、まずその家の仕事を熟知し、修得すべきである。自分の道ではなく、自分の分際でないことを知り、修得しようとするのは間違いである。今、出家者として、仏門に入り、僧侶の道に入ったならば、必ずその行《ぎょう》（なすべき道）を習うべきである。僧侶としてのやり方を守るとは、我執（自分に対する執着）を捨て、仏教の指導者の教えにしたがうということである。そこで大切なことは、貪欲を捨てることである。貪欲を捨てようと思うなら、まず自分というものを捨てるべきである。自分を捨てるためには、無常を観ずることが第一である。世の中の多くの人は、他人からいい人だと言われよう、思われようと思っている。そのように思うからよくならないのである。ただ、我執をしだいに捨てて正しい指導者の言葉にしたがってゆけば、進歩するのである。『なるほど（師の）言うことは道理にかなっているようだ、そうではあるが……、自分は我執を捨てられない』と言って執着してやっていると、いよいよ落ちぶれてしまうのである。禅僧としてよくなる第一の心得は、祇管打坐することである。賢いとか鈍いとかに関係なく、坐禅をすれば自然とよくなるものである」〉

仏祖（仏法を引き継いできた指導者）たちが行ってきたことを、習い行うのが僧侶《そうりょ》の生き方であるというわけです。
「こんなことをしたら世の中の人が批判するのではないか」と思うことがあります。しかし、世間の人が何と批判しても、仏祖が行ってきたことであり、仏の教えにかなっていれば、行うべきであるというのです。逆に、世間の人がこぞって褒めるようなことであっても、仏が説いた道理ではなく、仏祖が行わなかったことであるならば、行ってはならないと道元禅師は戒めています。

「小さな自己」と「大きな自己」

酒井得元《とくげん》著『沢木興道《さわきこうどう》聞き書き』のなかに、丘宗潭《おかそうたん》老師の話が出てきます。丘老師は明治期の曹洞宗の代表的な学者であり、師家でありました。永平寺の眼蔵会《げんぞうえ》の講師や曹洞宗大学（現・駒澤大学）の学長などを務めた方です。また沢木興道老師は坐禅ひとすじの生涯をつらぬいた方です。
その話というのは、独参《どくさん》（学人が師の部屋に単独で入って質問すること）のおり、丘老師のもとに一人の修行者がやって来て、
修行僧「一大事をお示し願います」

丘「ウーム、だれの一大事か？」
修行僧「私のでございます」
丘「ナニィ、貴様のか、貴様一人ぐらい、どうでもいいじゃないか、ウフフフ……」

このやりとりを隣の部屋で沢木老師が聞いていて、そのようすを印象的に語っています。

この修行僧の質問は、「修行者が明《あき》らめなければならない、いちばん大切なことは何か」ということです。つまり、この自分が修行するにあたってどうしたらいいのか、という問いかけです。それに対して丘老師は、「誰のことを問題としているのか」と尋ねます。修行僧は当然「私のです」と言ったのです。それに対して丘老師が、「なーんだ、お前のことか。お前一人くらいどうでもいいじゃないか」と言って不気味に笑ったという話です。道を求める修行者に対して、「お前一人くらいどうでもいいじゃないか」とは、なかなか言える言葉ではありません。

しかし、この非情とも思える言葉は、「私の修行」「私のさとり」という、その自己に執着した思いを捨てさせるために示したものと思えるのです。

仏道は、自分自身を明らかにすることから始まります。自分自身を知るということは、吾我《ごが》（小さな自己＝エゴ）に振りまわされ、吾我によって苦しめられている自分自身を知るということでしょう。吾我を忘れ、無我の境地となったとき、初めてほんとうの仏道が始まるのです。

私は学生時代、これを読んで、その後、私の頭からこの「お前一人くらいどうでもいいじゃないか」という言葉が忘れられないものとなりました。「おれが」という利己的な気持ちが起こったときに、私の吾我を制するようになりました。この言葉が、私の仏道の出発点となったのかもしれません。

吾我を忘れたとき、大宇宙を自己として生きることが始まります。それが仏道の始まりです。禅では、「本来無一物」(もともと私のものなど何もない)と言い、また「無一物中無尽蔵」(私のものなど何もないと気づいて物に対する執着を離れたとき、かえって全宇宙が自分のものとなる)とも説き、道元禅師は「放てば、手に満てり」と言っています。小さな自己を捨てたとき、大きな自己が現れるのです。

当然のことですが、小さな自己を捨てても、自分という存在がなくなるわけではありません。自己を捨てた自分が「ある」のです。「自分一人くらいどうでもいい」という自分が「ある」のです。「ない」ものが「ある」のです。「ない」ものが「ある」、それを最もありのままに現す実践が「坐禅」です。坐禅は、大宇宙を自己とする行であるといえます。

自他を超える

先の『沢木興道聞き書き』の著者酒井得元先生は、私が学生時代に学んだ師匠であります。忘れもしませんが、永平寺の修行から帰った私に、酒井先生は、再び大学院に戻ることを勧めてくれたのですが、そのときに私が「二年間も学問を離れていて、大学院に入れるでしょうか？」と申し上げますと、「お前が落ちれば、ほかのやつが受かるんだから、まあ気にするな、受かったやつを祝ってやれ」と言われました。

そのときは、なんという冷たいお言葉かと思いましたが、よくよく考えてみると、そのとおりであるのです。「ああ、そういう思いにならないといけないのか」と反省いたしました。それが自他を超えるということだったのです。

大学院に合格して、新たな学道の出発点になったとしても、そのまま吾我に執着した私であったなら、おそらく道を誤ったのではないかと思います。すでに自他を超えていた酒井先生であったからこそ、「お前が落ちても、ほかのやつが受かるんだからいいじゃないか」ということを言い得たのではないかと、今もって懐かしくそのことが思い出されます。

「自己を忘れる」ということは、簡単なことではありませんが、〝修行の結果において自己を忘れることができる、自己を忘れることを目ざす〟というのではなく、修行の初めから「自己を忘れ」「仏法に従う」——そのような道を道元禅師は教えているのです。

第14章　三界唯心——全世界は心そのもの

世界は唯《た》だこころのみである

通常「こころ」とは、ものごとを認識し、分別し、思惟《しゆい》し、判断する、といった意識の働きを言います。仏教の唯識学《ゆいしきがく》（人間の心理や認識の問題を掘り下げ、その深層をさぐり、論理化しようとする仏教の一学問）が専門の太田《おおた》久紀《きゅうき》先生は、この「こころ」について次のように述べています。

私たちにとってもっとも確実な事実は何か。それはこころでありましょう。私が生きているということを自覚するのはこころですし、もっとも確実なものは何かと考えるのもこころそれ自体です。こころはほんとうに確実なのかどうなのかと疑うのもこころ以外にはありません。いま手に持っている本を読むのもこころですし、その本がほんとうに存在しているかどうか考えたり疑ったりするのもこころです。回想にふけったり、未来に夢をえがくのもこころです。

自分を知ることも、周囲のものがそこに在るのを認識するのも、疑うのも、納得するのも、みなこころであるのですから、そのこころだけはもっとも確実な事実といわざるをえません。

私たちのこころに浮かんでこないものは、私たちにとって存在しません。私たちのこころに浮かんでこなくても、ちゃんとものは存在しているではないかといってみても、その時にはすでにこころのうえに浮かんできています。

私たちは自分の視力の範囲に見えてくるものだけを認識しています。見えないものは私たちの判断の条件とはなりません。私たちは紫外線や赤外線は見えませんから、そういう光でものを見ることはできませんし、したがって、青い空でも緑の樹木でも、赤いセーターでも紫外線や赤外線を含めた光線で、どのように見えるのか想像もつきません。つまり、見えている世界は、みな自分の可視範囲にあるもののみであるといえるわけです。その視力も唯識《ゆいしき》では、こころの一種と考えますので、こころがこころに映ったもののみを見ているということになります。

（『仏教の深層心理』一九八三年・有斐閣）

さて、この部分は、仏教の唯識説で「世界は唯《た》だこころ（識）のみである」という意味について、分かりやすく例を挙げて述べた部分です。

唯識という教えの原点は釈尊《しゃくそん》にあることは言うまでもありません。釈尊の教えは基本的にはこころの教えであり、あらゆる苦悩の根元を自己の内なるこころに見て、その深い洞察のもとに説かれた教えであるといえるからです。その教理を発展させ学問的に体系化したのが、インドの弥勒《みろく》（マイトレーヤ）、無着《むじゃく》（阿僧伽《あそうぎゃ》＝アサンガ）、世《せ》親《しん》（婆修盤頭《ばしゅばんず》＝ヴァスバンドゥ）であったといわれます。四〜五世紀頃、これらの人によって体系化された唯識の教えは、人間の心理を追究し凝視し省察した、すぐれた教説です。「私たちは、ただ自分の能力の範囲で世界を認識している」と受けとらえるもので、たいへん興味深い仏教の教説のひとつです。

さて私たちは、外部の世界を、私たちに備わった身体の感覚器官、いわゆる五官によって認識しています。

眼識《げんしき》……色境《しききょう》　視覚によって色（物質）を見て、外部の世界を認識する。
耳識《にしき》……声《しょう》境　聴覚によって声（音）を聞いて　〃
鼻識《びしき》……香《こう》境　嗅覚《きゅうかく》によって香を嗅《か》いで　〃
舌識《ぜっしき》……味《み》境　味覚によって味を味わって　〃
身識《しんしき》……触《そく》境　触覚によって皮膚（肌）で触れて（感じて）　〃

これらに加えて、「意識」があります。私たちは眼で見たり、耳で聞いたり、鼻で嗅いだりしたものを、それが何であるかを判断したり、それについて考えたり、思いを巡らしたりします。そういう働きが必ず一緒に起こるのです。眼で花を見たとしますと、「あれはタンポポだ」とか「スミレだ」とか分別し判断して、「きれいだ」とか「かわいい」とかと思うわけです。つまり、見たり聞いたりする働き（五官）は、分別したり判断したり考えたりという、もう一つの働き（意識）と不可分であるわけです。これらを総合して、仏教ではこころといいます。

唯識説においては、このこころの奥底に「末那識《まなしき》」や「阿頼耶識《あらやしき》」といわれる深層心理が存在すると説きましたが、ここではしばらくおいておきます。

「よも」の世界あり

『正法眼蔵《しょうぼうげんぞう》』「現成公案《げんじょうこうあん》」の巻に、

船にのりて山なき海中にいでて四方《よも》をみるに、ただまろにのみみゆ。さらにことなる相《そう》、みゆることなし。しかあれど、この大海、まろなるにあらず、方《ほう》なるにあらず、のこれる海徳《かいとく》、つくすべからざるなり。宮殿のごとし、瓔珞《ようらく》のごとし。

ただわがまなこのおよぶところ、しばらくまろにみゆるのみなり。かれがごとく、万法もまたしかり。塵中《じんちゅう》・格外《かくがい》おほく様子《ようす》を帯《たい》せりといへども、参学眼力《げんりき》のおよぶばかりを、見取《けんしゅ》・会取《えしゅ》するなり。万法の家風をきかんには、方円《ほうえん》とみゆるよりほかに、のこりの海徳・山徳おほくきわまりなく、よもの世界あることをしるべし。

〈船に乗って陸地の見えない海原に出て四方を見ると、ただ丸く見えるだけだ。ほかに違った景色などは見えない。しかしながら、この大海はまるいのではない。四角いのでもない。私たちの理解を超えて、海の功徳（さまざまな働き）は計り知れないものだ。同じ水を魚は宮殿と見、天人は瓔珞（金銀珠宝を連ねた首飾り）と見るかもしれない。ただ自分の眼が見渡せる範囲において、仮に海はまるく見えるだけなのだ。そのように、あらゆる事物もまたそうである。塵中（世間＝在俗の世界）も格外（出世間《しゅっせけん》＝仏法の世界）も、さまざまな姿を現しているが、私たちは自分の能力の及ぶ範囲で見たり、会得したりするのである。あらゆる事物のあり方を理解するには、四角いとかまるいとか見えるほかに、海の功徳や山の功徳は多く限りなくあり、四方（さまざま）の世界があることを知らなければならない〉

とあります。

私たちは、自分が認識する能力の範囲において、外界を見ていると言われるのです。自分が認識している世界以外に、自分が認識できない多くの世界があることを知らなければなりません。自分の認識したものこそ真実であり、自分の見方、考え方こそ正しいと考えてはいけないのです。

このように私たちは、自分の感覚能力の範囲で外界を認識しています。ですから私たちは人それぞれに異なった認識をします。そして人それぞれが持つ意識や興味などによって、外界をそれぞれ異なって見ているのです。言葉を換えれば、私たちは「主観」（自分ひとりの考えや感じ方）によって客観世界（対象）を認識しているのであって、客観世界は主観の反映であるということになります。

同じ街に住んでいても、花の好きな人は、いつどこにどんな花が咲くのか知っていますし、同じ道を歩いていても、多くの花に目がとまるものです。人は興味の対象によって、それぞれ異なった世界を生きているとも言えます。同じ海を見ても、青春の思い出の場所としてほのぼのと見る人もいれば、かつて死線をさまよった恐怖の場所として心に痛みを覚える人もいるでしょう。

また、眼の病気の人が白内障の手術をして、急によく目が見えるようになると、世界はこんなに明るかったのかと感激するそうですし、耳の不自由な人が手術をして耳がよく聞こえるようになったら、秋の夜の虫の鳴き声の大きさに驚いたという話もあります。熱いもので舌をやけどすると、しばらくの間は食べ物の味が分からないということもあるようです。個々の持つ感覚器官の条件によって、自分をとりまく世界も異なって認識されるのです。「世界はこころの反映である」「世界はただこころのみである」ということになります。

「心」とは何か

道元《どうげん》禅師が書かれた代表的著作である『正法眼蔵』には、特に「心」を中心テーマとして「心」の真意を説かれた巻が十巻ほどあります。「即心是仏《そくしんぜぶつ》」「三界唯心《さんがいゆいしん》」「心《しん》不可得《ふかとく》」「後《ご》心不可得」「説心説性《せっしんせっしょう》」「身心学道《しんじんがくどう》」「古仏心《こぶっしん》」「佗心通《たしんつう》」「発菩提心《ほつぼだいしん》」「発《ほっ》無上心《むじょうしん》」です。このほか「心」を主題としない巻でも「心」に関する説示は数多く見られます。

このことは、仏教そして禅において「心」の問題がいかに重要であるのかを示しており、また「心」を正しく理解することの難しさを表していると思われます。

さて、かぎ括弧《かっこ》に入れて「心」と書きましたが、通常一つの文字として読むときは「こころ」と読みます。しかし、道元禅師の場合は「しん」と読むことが多いのです。

それは道元禅師の示す「心」が、私たちが通常よく言っている「こころ」という意味合いを超えて、時空を尽くした言葉として用いられているからです。

本章のタイトルは、「三界唯心《さんがいゆいしん》」です。「三界」とは一般的に欲界・色界・無色界のことをいい、簡単に説明しますと、「欲界」とは欲望のうずまく心の世界、「色界」とは欲望を離れた心の世界、「無色界」とはきわめて静まった安定した心の世界をいいます。しかし、道元禅師は、「三界は全界なり」と示し、「三界」とは全世界のことであり、それが唯《た》だ「心」であるというのです。

この言葉は、決して、先ほど述べた「世界はこころの反映である」「世界は唯《た》だこころ（識）のみである」という唯識説を否定するものではなく、このような受けとらえのうえに立って、道元禅師は、よりストレートに示したのであろうと思われます。つまり、全世界はこころの反映であるのではなく、もっと端的に「全世界はこころそのものである」と道元禅師は言いきるのです。そして、こころを表す漢字の「心」を用いて、全世界を「心」とするのです。

一切諸法《いっさいしょほう》・万象森羅《ばんしょうしんら》、ともにただこれ一心《いっしん》にして、こめずかねざることなし。

（『弁道話』）

〈ありとあらゆる存在・森羅万象のすべては、みなただ一つの心であって、含まず兼ね備えないということはない〉

いはゆる正伝《しょうでん》しきたれる心《しん》といふは、一心一切法《いっさいほう》、一切法一心なり。（『正法眼蔵』「即心是仏《そくしんぜぶつ》」）

〈ここでいう正しく伝えられてきた心というのは、一心がそのまま一切の存在であり、一切の存在がそのまま一心という心である〉

あきらかにしりぬ、心とは山河《せんが》大地《だいち》なり、日月星辰《にちげつせいしん》なり。（『正法眼蔵』「即心是仏」）

〈明らかに知ることができる。心とは山・河・大地であり、日・月・星辰であることを……〉

これらの道元禅師の言葉は、森羅万象のすべて、すなわち山も河も大地も、太陽も月も星も、全世界・全宇宙が「心」であると示したものです。全世界・全宇宙といった空間的存在だけではありません。つぎに挙げるような事物や事象のひとつひとつも「心」であると言います。

唯心は一二にあらず、三界にあらず、出三界にあらず、無有錯謬《むうしやくびゆう》*1なり。有慮知《うりよち》念覚《ねんかく》*2なり、無慮知念覚なり。牆壁瓦礫《しようへきがりやく》*3なり、山河《せんが》大地なり。心《しん》これ皮肉骨髄《ひにくこつずい》*4なり、心これ拈華破顔《ねんげはがん》*5なり。……青黄赤白《せいおうしやくびやく》これ心なり、長短方円これ心なり、生死去来《しようじこらい》*6これ心なり、年月日時これ心なり、夢幻空華《むげんくうげ》これ心なり、水沫泡焰《すいまつほうえん》これ心なり、春華秋月これ心なり、造次顛沛《ぞうじてんぱい》*7これ心なり。（『正法眼蔵』「三界唯心《さんがいゆいしん》」）

＊1無有錯謬……『法華経』「寿量品」の句。誤りがないこと。＊2慮知念覚……ものごとを認識し、分別し、思惟し、判断するといった意識の働き。＊3牆壁瓦礫……垣根・壁・瓦・小石。われわれの生活の周辺に無造作にあるもの。＊4皮肉骨髄……禅宗初祖、菩提達磨《ぼだいだるま》の四人の弟子の会得の浅い深いを表した故事にもとづく語。＊5拈華破顔……釈尊が摩訶迦葉《まかかしよう》に法を伝えた故事（⇒p.211）。＊6生死去来……六道の間に生死を繰り返すこと。＊7造次顛沛……わずかの間、いつも。

〈唯心というのは、一とか二とか数えられるものではなく、また三界に限るものでもないし、といって三界を出た外にあるのでもない。唯心は、ごくわずかの誤りもないものであり、思慮や知覚のあるがままのこともあれば、思慮知覚のないままのこともある。牆・壁・瓦《かわら》・礫や、山・河・大地もそのまま心である。心とは皮肉骨髄であり、心とは拈華破顔である。……青黄赤白という色もそのまま心であり、長短・方円という形も心である。生死去来も心であり、年月日時も心であり、夢幻や空華（まぼろしの花）も心であり、水沫・泡・焔《ほのお》も心であり、春の花や秋の月も心であり、日常のいかなる出来事もそのまま心である〉

このように、全世界が空間的に「心」であるばかりでなく、色や形や大自然のあらゆる現象も「心」であり、季節の移り変わりなどの時間も「心」であり、私たちのこころの働きも、当然のことながら「心」に含まれるというのです。

心《しん》はひとへに慮知《りよち》念覚《ねんかく》なりとしりて、慮知念覚も心なることを学せざるによりて、かくのごとくいふ。　（『正法眼蔵』「説心説性《せっしんせっしょう》」）

〈心とは思慮分別のことばかりと思って、思慮分別も心であることを学ばな

いので、このように言っている〉

これは、中国宋代中期の禅僧、大慧宗杲《だいえそうこう》（一〇八九～一一六三）の言説に対する批判として示されたものですが、道元禅師のとらえる「心」はすべての存在、すべての現象、すべての時間をいうものであって、私たちのこころも「心」に含まれるというのです。

現実の世界を精一杯生きる

さて、私たちは、自分の感覚能力の範囲で外界を認識し、それぞれの心の持ち方によっても、外界を異なって見ているという仏教の唯識説のとらえ方を学びました。私たちは主観によって客観世界を認識しているのであって、客観世界は主観の反映であるともいえるのです。道元禅師は、これをさらに徹底させて、世界は私たちのこころそのものであり、ゆえに全世界・全存在・全時間を「心」と示したのです。

ここにはいくつかの重要な示唆があると思われます。まず第一に、私たちは自分の感覚能力の範囲で世界を認識しているということ。自分が見たり、聞いたり、感じたりしているのが、すべてではないということです。それ以外の世界があるということです。そのことをまず自覚していなければなりません。

そして第二に、そのような自覚を持ちながらも、自分が認識した範囲での世界を生きてゆくしかないということです。それ以外に、自分が生きる場所をさがし求めても決して得られないのです。

そして第三に、自分が認識した範囲での世界は、心の持ち方、あり方によって変わりうるということです。

仏教は二千数百年にわたって、人間の心を観察し追究して、私たちのこころの実態をとらえ、そこに迷いのこころを究明し、それを目覚めのこころに転換していく道を模索してきました。私たちの世界が、それぞれ、自分が認識できる範囲のものであって、自分のこころの持ち方、あり方によって変わりうるのであるならば、私たちはよりよい環境世界を生きるために、まず自分のこころをよりよい状態にととのえる必要があるのです。

とはいえ、自分一人が変わっても、世界がすぐさまガラッと変わるものではありませんが、一人一人がよりよく変わっていこうと努力をすることがなければ、世界は変わりようがないのです。環境の問題にしても、平和の問題にしても、人権の問題にしても、そこから出発しなければならないでしょう。

第15章　夢中説夢——夢のような現実を生きる

迷いの世界

仏教では、往々この現実の世の中を〝迷い〟の世界とし、この迷いの世界から抜け出して、〝悟り〟の世界、すなわち仏の世界に入るべきことを説きます。春や秋のお彼岸は、陰から陽、あるいは陽から陰への季節の移り変わりの節目の時節に、迷いから悟りへの転機を願って行われる伝統的な行事であるともいわれますが、これは、現実の私たちの迷いの世界を川のこちら岸にたとえて此岸《しがん》とし、川のあちら岸を悟りの世界にたとえて彼岸《ひがん》といい、理想の彼岸に渡ることを勧めたものです。仏教の見方では、私たちの現実の世界は、迷いの世界であり、決して理想の世界ではないのです。

それでは、私たちの現実の世界は、なぜ迷いの世界であるのか。そもそも迷いとは何であるのか。私は次のように説明することにしています。

迷いとは、避けることのできない苦しみを避けようと思い、満たされることのない欲望（煩悩）を満たそうと思うことである。

と。そして、悟りとは、このような迷いを離れることであるといえます。

避けることのできない苦しみ、これを「四苦八苦」と言います。仏教では、生《しょう》・老・病・死の四苦を説き、さらに愛別離苦《あいべつりく》・怨憎会苦《おんぞうえく》・求不得苦《ぐふとくく》・五蘊盛苦《ごうんじょうく》の四苦を加えて八苦を説いていることは、すでに述べましたが、まことに、これらは人生において避けることのできない根本的な苦しみです。

人は生まれて苦難多き人生を生き、老いとともに身体が衰弱して苦しみ、時には病になって苦しみ、そして必ず死を迎えなければなりません。また愛する家族らと死別する悲しみ苦しみ、怨《うら》み憎む者とも会わなければならない苦しみ、求めても得られない苦しみ、肉体の働きが盛んであるがための苦しみ、これらも人生において避けられない苦しみでしょう。

仏教はこれらの苦しみを回避する道を教えているのではない、と私は思います。むしろ、これらの生・老・病・死などの苦しみを避けようとするのではなく、これらの苦しみ悲しみをそのまま受け入れる覚悟を持ち、前向きに生きる生き方を教えていると思うのです。

ところで、日常生活には、さまざまな問題が生じます。両親や夫や妻や、さまざまな人たちとの人間関係、子どもの教育、仕事での悩み。あるいは虐《しいた》げられ差別される苦しみ……。

これらについては、まずは現実をしっかり受け止めて、避けて通ろうとするのではなく、苦しみの原因を突き止めて正しい解決方法を見いだしてゆくことが大切です。

夢と現実

さて、このように、現実の世界はやはり迷いの世界であり、苦しみの世界であって、この現実のままの世界であってよいというのではありません。しかし、道元《どうげん》禅師は、この現実の世界のほかに、まったく別に仏の世界を作ることはできない、現実の人間の世界のほかのまったく別な仏の世界はあり得ない、というのです。

道元禅師は、『正法眼蔵《しょうぼうげんぞう》』「夢中説夢《むちゅうせつむ》」の巻で、

仏道をならはざらんと擬《ぎ》する人は、この夢中説夢にあひながら、いたづらにあるまじき夢草の、あるにもあらぬをあらしむるをいふならんとおもひ、まどひにまどひをかさぬるがごとくにあらんとおもへり。しかにはあらず。たとひ迷中又《めいちゅうう》迷《めい》といふとも、まどひのうへのまどひと道取《どうしゅ》せられゆく道取の通霄《つうしょう》の路《ろ》、まさに

功夫《くふう》参究すべし。

〈ほんとうに仏法を学ぼうとするのでない偽者《にせもの》は、「夢中説夢」の教えに会いながら、いたずらに「あるはずもない夢草をあるように錯覚しているのを『夢中説夢』と言うのであろう」と思い、あたかも迷いに迷いを重ねるようなことであろうと思っている。しかし、そうではない。たとえ「迷中又迷」という言葉も、〝迷いのうえの迷い〟というその本来の意味が、天空に通じる道（仏道のあり方）であることを、よくよく学ぶべきである〉

と示しています。

「夢中説夢」とは、夢のなかで夢を説くこと、「今日、こんな夢をみたよ」と夢のなかで他人に話している様子です。夢のまた夢のことです。なんとも実体のない、夢幻のことを言います。通常は、この現実世界のすべての現象が固定的実体がないことを示す言葉で、「しょせん、この世は夢のようなものだ」とか「夢のようにはかないものだ」という意味に使われます。

ところが道元禅師の解釈は違うのです。この夢のような世界こそ、まさに現実であり、この現実の世界のほかに仏道を行じてゆく世界はないではないか、というのです。

さらに道元禅師は言います。

夢中説夢は諸仏なり。諸仏は風雨水火なり。この名号《みょうごう》を受持し、かの名号を受持す。夢中説夢は古仏なり。乗此宝乗《じょうしほうじょう》、直至道場《じきしどうじょう》なり。直至道場は、乗此宝乗中なり。

〈夢中説夢は諸仏である。諸仏というのは風や雨や水や火のことである。この呼び名を受け、あの呼び名を持っている。夢中説夢は古仏（まことの仏）である。『法華経』に「乗此宝乗、直至道場」（この宝の乗り物に乗って、ただちに仏の道場に至る）とあるが、ただちに至るという仏の道場は、この宝の乗り物のなかにあるのである〉

この夢のような現実の世界が、もろもろの仏そのものであるというのです。だから、もろもろの仏とは私たちの眼前にある風や雨や水や火のこと、つまり森羅万象であり、もろもろの仏が種々の相となって現れ、それぞれの呼び方がされていると……。言おうとしているところは、現実の世界こそもろもろの仏の世界であり、もろもろの仏は、この現実の世界を仏の世界と見ているというのです。

「乗此宝乗、直至道場」という言葉は「此《こ》の宝乗《ほうじょう》に乗って、直《ただ》ちに道場に至る」と読み下しますが、「釈尊は宝で飾られたすばらしい乗り物に私たちを乗せて、ただちに仏の道場に連れていってくれる」という意味で、『法華経《ほけきょう》』「譬喩品《ひゆぼん》」のなかに出てまいります。

この言葉をとりあげて道元禅師は「直至道場《じきしどうじょう》は、乗此宝乗中《じょうしほうじょうちゅう》なり」と示しています。釈尊がただちに連れていってくれるという道場は、今乗っているこの乗り物のなかにある、この乗り物こそが仏の道場である、という意味です。つまり、釈尊がどこかすばらしい世界に連れていってくれるのではなく、仏の世界は、私たちが住む現実の世をおいてほかにはないということです。

道元禅師は『法華経』を非常に尊重しています。ただし、『法華経』を所依《しょえ》（よりどころとする）の経典として用いるのではなく、文字としての『法華経』を尊重しているのでもありません。『法華経』の教えをとおして、まさに釈迦牟尼仏《しゃかむにぶつ》に出会ったのだと思われます。文字を超えた出会いがそこにはあったのです。

このような『法華経』解釈は道元禅師の主著『正法眼蔵』の至るところに示されています。それらの独特な解釈は、みな、釈尊と道元禅師を、いや、釈尊と我々を、仏と衆生を、親密に結びつけようとするためのものであると思われます。そこに道元禅師の『法華経』解釈の特徴があります。道元禅師の『法華経』解釈は釈尊と我々をより親密なものにしてくれるのです。

目覚めのなかで生きれば、そこが仏の世界

『正法眼蔵』「空華《くうげ》」の巻にも、似たような説示があります。

如来道の「翳眼《えいげん》所見は空華」とあるを、伝聞《でんもん》する凡愚おもはくは、翳眼といふは、衆生の顚倒《てんどう》のまなこをいふ、病眼《びょうげん》すでに顚倒なるゆゑに、浄虚空《じょうこくう》に空華を見《けん》聞《もん》するなりと消息す。この理致《りち》を執するによりて、三界六道・有仏無仏、みなあらざるをありと妄見《もうけん》するとおもへり。この迷妄の眼翳《げんえい》もしやみなば、この空華みゆべからず。このゆゑに空本無華《くうほんむげ》（空、本《もと》華なし）と道取すると活計するなり。あはれむべし、かくのごとくのやから、如来道の空華の時節始終をしらず。諸仏道の翳眼空華の道理、いまだ凡夫外道《ぼんぷげどう》の所見にあらざるなり。諸仏如来、この空華を修行して、衣座室《えざしつ》をうるなり、得道得果するなり。拈華《ねんげ》し瞬目《しゅんもく》する、みな翳眼空華の現成する公案なり。正法眼蔵涅槃妙心《しょうぼうげんぞうねはんみょうしん》いまに正伝して断絶せざるを、翳眼空華といふなり。

〈「翳眼が見るものは空華である」と如来がおっしゃっているのを伝え聞い

た愚かな者たちは、「翳眼」というのは、衆生の妄想の眼をいうのであり、眼が異常なので、清らかな虚空に幻の華（花）を見るのだ、と思ってしまう。このように理解するところから、三界（欲界・色界・無色界）六道（地獄・餓鬼・畜生・修羅・人間・天上）の説も、仏があるとか、ないとかいう説も、もともとないにもかかわらず、あると錯誤していることと思っている。この迷妄の眼翳（眼のかげり）がもし治れば、この幻の華を見ることがないので「空本無華」（虚空にもともと華はない）というのだと理解してしまうのは、かわいそうなことだ。このような連中は、如来がおっしゃる空華の現れるときの一部始終をまったく知らないのである。諸仏がおっしゃる「翳眼空華」の道理は、いまだ凡夫（衆生・凡人）が考えるようなものではないのである。諸仏如来は、この空華の世界のなかで修行して、衣座室（如来の部屋に入り、座り、衣をまとうこと）を得るのである。仏道を会得《えとく》し、証果（さとりという結果）を得るのである。釈尊が華（花）をつまんで、まばたきをして摩訶《まか》迦葉《かしょう》に法（正法眼蔵涅槃妙心）を伝えたのも、「翳眼空華」が現れた公案（絶対の真理）である。「正法眼蔵涅槃妙心」が現在に正しく伝わって断絶しないことを「翳眼空華」というのである〉

「空華」とは、眼を患ったものが虚空に見る実存しない花のことです。眼を患っているから、実際にはない虚空の花を見るわけです。何をたとえているかというと、仏教の一般的な解釈では、凡夫は迷いの眼で世界を見るから、そこに三界とか六道という迷いの世界が現れるということです。迷いがあるから、「ない」ものを「ある」と見る、という意味です。しかし、道元禅師はそのように解釈しません。「空華」とは夢幻の花ではなく、「空華」こそ現前の事実であるというのです。そして、

いま凡夫の学者、……眼翳《げんえい》によりて空華ありとのみ覚了して、空華によりて眼翳あらしむる道理を覚了せざるなり。……おろかに翳《えい》を妄法《もうぼう》なりとして、このほかに真法ありと学することなかれ。　（『正法眼蔵』「空華」）

〈凡夫の学者は、……眼病によって空華があるとばかり思って、空華によって眼の病気が起こっている道理がわかっていない。……愚かにも、翳（眼のかげり＝現実の世界）を妄法（迷妄、心の迷い）であるとして、このほかに真法（真実のあり方）があるなどと思ってはいけない〉

と言っています。何を言っているのかというと、迷いがあるから、ないものをあると

見るのではなく、まことにある（現存する）現実の世界で、凡夫は迷っているというのです。現存する現実の世界で、仏は仏として目覚め生き、凡夫は凡夫として迷い生きている。この現実の世界で、迷っているのが凡夫であり、目覚めているのが仏であるというのです。

このような説示からみますと、道元禅師はきわめて現実的であるといえます。

私たちには現実の世界があります。現実の生活があります。この現実の生活のほかに、真実の世界を求め、見つけようとしても、そのような世界は、どこを探してもありません。現実の生活を生きるしかありません。

その現実の生活を、どう生きるか。それが問題です。迷いのなかで生きれば、そこが凡夫の世界、目覚めのなかで生きれば、そこが仏の世界なのです。

梅華こそ優曇華であった

道元禅師の主著である『正法眼蔵』に「梅華」の巻があります。この巻は、師の如浄禅師の梅華にちなんだ言葉を道元禅師が解説したものですが、このなかで道元禅師は、如浄禅師をたたえ、如浄禅師と出会えたことを歓喜し、そして自らが如浄禅師の仏法を嗣《つ》ぐことができたことを無上の喜びとしていることがうかがわれます。第3章でも触れましたが、ここでもう一度取りあげてみたいと思います。

雪裏の梅華は一現《いちげん》の曇華《どんげ》なり。日頃はいくめぐりか我仏如来《わがぶつにょらい》の正法眼睛《しょうぼうがんぜい》を拝見しながら、いたずらに瞬目《しゅんもく》を蹉過《しゃか》して、破顔せざる。而今《にこん》すでに雪裏の梅華まさしく如来の眼睛なりと正伝し、承当《じょうとう》す。

〈雪のなかに咲いた一輪の梅の花こそ、三千年に一度しか花を開かないという優曇華《うどんげ》であった。これまで毎年、この梅の花を見ながら、それがまさに釈尊の説法であることに気づくことがなかった。その昔、釈尊が花をつまんで、瞬《まばた》きしたときに、迦葉尊者《かしょうそんじゃ》ただ一人が、その心をさとって、にっこりとほほえんだというが、私はただ茫然《ぼうぜん》と、釈尊のまばたきにも似た梅の花の説法を見すごして迦葉尊者のように、にっこりとほほえむことができなかった。しかし、今すでに如浄禅師に出会い、教えを受けて、雪のなかに咲いている一輪の梅の花が、まさしく釈尊が瞬きされた眼《まなこ》であると正しく伝受し、しっかりと受け止めることができた〉

（『正法眼蔵』「梅華」）

雪のなかに咲く梅の花を、これまでは、ただの梅の花と見ていたけれども、如浄禅師の教えを受けて、「なんと、この日頃見ていた梅の花が、三千年に一度しか咲かないという優曇華だったのか」と気づくことができたというのです。何げない梅の花が仏法を語りかけていたのだと覚ったのです。

この話も、現実のすばらしさの発見であると言えます。夢のような世界以外に現実はなく、空華こそ真実であると認める立場です。また、梅の花を優曇華と見ることができたというこの話は、ほかならぬこの自分こそ仏であるということを知り、この自分を仏として行じつづけてゆく道を見つけることができたということを示しているのでしょう。

現実を生きる

私たちは、自分が認識する能力の範囲において、世界を見ています。自分が認識している世界以外に、自分が認識できない多くの世界があることを知らなければなりません。自分の認識したものこそ真実であり、自分の見方、考え方こそ正しいと考えてはいけないのです。鳥にとっての空は、魚にとっての水であり、人間にとっての大地であるといえます。そのように、広く大きな見方を持って生きていくことが大切です。

そうではありますが、そのような広く大きい心を持ちながら、私にとっての現実を生きてゆくのです。私が認識している範囲の現実こそ、私の生きる場でありますから、その現実を大切にして、今を一生懸命に生きてゆくこと以外にないのです。

第16章　諸悪莫作——悪いことができない自分作り

「諸悪莫作《しょあくまくさ》」とは、通常「もろもろの悪を作《な》すこと莫《なか》れ」と読み、これは、「七仏通《しちぶつつう》戒《かい》の偈《げ》」と言われる仏教の基本的な教えを示した詩偈（詩句・韻文）の冒頭の言葉です。

七仏通戒の偈

ところで、この偈を紹介すると、

諸悪莫作《しょあくまくさ》、衆善奉行《しゅぜんぶぎょう》、自浄其意《じじょうごい》、是諸仏教《ぜしょぶっきょう》

〈もろもろの悪を作《な》すこと莫《なか》れ、もろもろの善を奉行すべし、自ら其《そ》の意を浄《きよ》む、是《こ》れ諸仏の教えなり〉

というもので、一般的には、しばしば、

諸悪莫作……もろもろの悪いことをしてはいけない。
衆善奉行……多くの善いことをしなさい。
自浄其意……そして、自分の心を清めなさい。
是諸仏教……これが諸仏の教えである。

と解釈されます。

しかし、これは道徳的な解釈であり、仏教本来の意味は、そのような禁止または命令の言葉ではありません。別言すれば、

諸悪莫作……もろもろの悪を作ることなく、
衆善奉行……多くの善を行い、
自浄其意……自らその意を清くする、
是諸仏教……これが諸仏の教えである。

ということになります。しかしさらに、道元《どうげん》禅師が解釈すれば、おそらく、

諸悪莫作……もろもろの悪いことを行おうと思っても、行うことができない。
衆善奉行……多くの善いことを行わずにはおられない。
自浄其意……そのような生き方のなかで、自然と心が清まってゆく。
是諸仏教……これが仏教の生き方である。

ということになるでしょう。

悪とは何か

いまいふところの諸悪者《とは》、善性《ぜんしょう》・悪性《あくしょう》・無記《むき》*1性《しょう》のなかに悪性あり、その性《しょう》これ無生《むしょう》*2なり。善性・無記性等もまた無生なり、無漏《むろ》*3なり、実相*4なりといふとも、この三性の箇裏《こり》*5に、許多般《こたはん》*6の法あり。諸悪は、此界《しかい》の悪と他界の悪と同不同あり、先時と後時と同不同あり、天上の悪と人間の悪と同不同なり。いはんや仏道と世間と、道悪・道善・道無記*7、はるかに殊異《しゅい》あり。善悪は時なり、時は善悪にあらず。善悪は法なり、法は善悪にあらず。法等悪等*8なり、法等善等*9なり。

（『正法眼蔵』「諸悪莫作」）

*1無記……善とも悪ともいえないもの。 *2無生……意識以前の絶対の事実の現れ方。 *3無漏……いっさいの煩悩を離れていること。 *4実相……真実のありのままの姿。 *5箇裏……ここ、ここのところ、そのなか。 *6許多般……多くの種類。 *7道悪・道善・道無記……道は「言《い》う」の意。「悪といい、善といい、無記という」という意。 *8法等悪等……法と悪が等しい。 *9法等善等……法と善とが等しい。

〈ここでいうもろもろの悪とは、（仏教で分類する）「善という性質」「悪という性質」「そのどちらでもない無記という性質」のなかの「悪という性質」であり、その性質は無生（私たちが何かを意識する以前の絶対の事実）である。「善という性質」も「無記という性質」も無生であり、いっさいの煩悩を離れており、真実のありのままの姿であるが、これら三つの性質のなかに多くの法（実際に現れるあり方）がある。もろもろの悪は、この世界の悪と他の世界の悪とでは同じであったり違っていたりする（地域・場所によって悪のとらえ方は違う）。先の時代とあとの時代とでも悪のとらえ方が違う。天上界の悪と人間界の悪でもとらえ方が違う。まして仏の世界と一般世間では、悪とか、善とか、無記とかいっても、その内容はずいぶん異なっている。

善悪は時（時代）によって善ともなり、悪ともなり、いろいろな現れ方をするが、時が善であるとか悪であるとかということはない。善悪は法（事実）であるが、法が善であるとか悪であるとかということではない。法は時に悪ともなり、善ともなるのである〉

さて、この章でとりあげた「諸悪莫作」という言葉は、「悪いことをしない」「悪いことができない」ということでありますが、道元禅師はまず、そもそも「悪」とは何か、そして「善」とは何かということを、ここでとりあげています。いったい、これこそが悪であるとか、これこそが善であるとか、そういうことがあるのかどうか、まずこの点を掘り下げています。そして、善とか悪とかのとらえ方が、時代によって異なり、地域によって異なることを示しています。

確かにそうです。戦争ということを例にとっても、国家や民族や宗教を守るために戦うことが善であるとされた時代もありました。かつての日本がそうでした。そして現在でも世界の各地で民族紛争や異宗教間の対立が絶えることがありません。戦争は悪であるはずなのに、国家をまもり家族をまもるための正義の戦いとして信じ、命を落としていった多くの若者もいます。

民族的・宗教的習慣によって、ある地域では悪として認められないことが、別の地域では認められていることもあります。また、法律の相違によって、自己防衛の手段として拳銃《けんじゅう》の所持が認められている国もあれば、厳しく禁止されている国もあります。

何が善であり、何が悪であるのか、それは地域によって時代によって異なっています。同様に、仏の世界における悪と、一般世間における悪は、同じであったり異なっていたりすると道元禅師は言うのです。

『正法眼蔵随聞記《しょうぼうげんぞうずいもんき》』（巻一）に鹿を棒で打ち、追い払った僧の話が出てきます。

道者《どうじゃ》の行は、善行悪行皆《みな》おもはくあり、人のはかる処に非ず。昔恵心僧都《えしんそうず》＊、一日庭前に草を食《じき》する鹿を、人をして打ちおはしむ。時に有人《ひとありて》、問云《とうていわく》、「師、慈悲なきに似たり。草を惜《おしん》で畜生を悩《なやま》す。」僧都云《いわく》、「我れ若是《もしこれ》を打《うた》ずんば、此《この》鹿、人に馴《なれ》て悪人に近づかん時、必ず殺されん。此故《このゆえ》に打つ也《なり》。」鹿を打《うつ》は慈悲なきに似《にた》れども、内心の道理、慈悲余れること如レ是《かくのごとし》。

＊恵心僧都……『往生要集』の著者として知られる源信（九四二～一〇一七）の別称。

〈仏道修行者の行いには、善行についても悪行についても、みな思惑があって、俗人に計り知れないところがある。昔、恵心僧都が、ある日、庭に鹿がやって来て草を食べているのを見て、人に命じて打ち追い払わせた。そのとき、それを見ていた人が、「師には慈悲の心がないように思われます。庭の草を惜しんで動物を苦しめるとは……」と尋ねると、僧都は「私がもし鹿を打たなければ、この鹿は人間に馴れてしまって、悪人に近づいたときに必ず殺されてしまうだろう。だから打ったのだ」と答えた。鹿を打つことは慈悲のないように見えるだろうが、心の内に慈悲の思いがあふれていることは、この話からもうかがえる〉

この話にあるように、鹿をたたいて追い払うということは、お寺の庭の草を惜しんでの行為であったなら、あまりに慈悲心のないことですが、この恵心僧都は鹿の命を守るために、人間に対する警戒心を植えつけようとしたのであって、すばらしい慈悲心の現れであるというのです。また、次のような説示もあります。

又云《またいわく》、善悪と云事《いうこと》、難レ定《さだめがたし》。世間の綾羅錦繍《りょうらきんしゅう》をきたるをよしと云ひ、麁布糞掃《そふふんぞう》をわるしと云《いう》、仏法には是《これ》をよしとし、清《きよし》とす。金銀錦綾をわるしとし、穢《けが》れたりとす。如レ是《かくのごとく》、一切の事にわたりて皆然《みなしかり》。（『正法眼蔵随聞記』巻五）

〈また言われた。善悪ということは定めることが難しい。俗世間では、あやぎぬ・うすぎぬ・にしき・ぬいとりなどを着るのをよい服装といい、粗末な布や人が捨てた布で作った衣服を悪いという。しかし仏法では、逆にこのような麁布《そふ》糞掃《ふんぞう》をよしとし、清らかな衣装とする。また金銀綾錦《あやにしき》を悪いとし、穢れているとする。このように、あらゆることにわたって善悪ということは定めるのが難しい〉

仏道修行者は、欲を離れた世界に生きる者であるから、世間の人々が欲するようなものから離れ、世間の人々が欲を起こさないようなものをよいもの、清いものとして用いるのであることを説いているのです。

このほか、『正法眼蔵随聞記』には、栄西禅師が仏像の光背を作るための材料を、仏物己用《ぶつもつこよう》（仏に供養されたものを他に流用すること）の罪を恐れず、餓死しそうな貧しい家族に与えてしまった話や、丹霞天然《たんかてんねん》（七三九〜八二四、中国の禅僧。馬祖道一《ばそどういつ》の弟子）が寒さのひどい朝、木像を焼いて暖をとった話を挙げて、悪事のように思われることが、必ずしも悪事ではないことを語っています。

さて、このように善・悪は、必ずしも定められるものではないということを断ったうえで、道元禅師は仏の教えにしたがって、悪事をやめ善事を行うべきことを説いています。ここからが本題になります。

悪いことができない

『正法眼蔵』「諸悪莫作」の巻のなかで道元禅師は、

はじめは、諸悪莫作ときこゆるなり。諸悪莫作ときこえざるは、仏正法《ぶっしょうぼう》にあらず、魔説なるべし。……無上菩提の説著《せつじゃく》となりて聞著《もんじゃく》せらるるに転ぜられて、諸悪莫作とねがひ、諸悪莫作とおこなひもてゆく。諸悪すでにつくられずなりゆくところに、修行力《しゅぎょうりき》たちまちに現成《げんじょう》す。

〈「諸悪莫作」と言われたら、初めは「悪いことを行ってはいけない」と聞こえなければいけない。そのように聞こえないのは、仏の正しい教えではなく、悪魔の説である。……（この「諸悪莫作」という言葉が）無上菩提（究極の悟り）の説法となって、その教えに導かれて、「悪いことを行ってはいけない」と願い修行してゆく。そうしているうちに、諸悪を行わないようになってゆく。そこに修行の力がにわかに現れてくるのである〉

と示しています。そうすると今度は、さらにすばらしい生き方が現れてきます。

正当恁麼《しょうとういんも》時《じ》の正当恁麼《しょうとういんも》人《にん》は、諸悪つくりぬべきところに住し往来し、諸悪つくりぬべき縁に対し、諸悪つくる友にまじはるににたりといへども、諸悪さらにつくられざるなり、莫作の力量現成《りきりょうげんじょう》するゆゑに。

〈まさにそのとき、その人は、諸悪を作ってしまうようなところに住み、往来し、また諸悪を行って当然のような状況になっても、また悪事をなす友人と付き合っていたとしても、決して悪事を行うことがないのである。というのは「莫作の力量」（決してすることがないという修行の力量）が現れているからである〉

（『正法眼蔵』「諸悪莫作」）

ここが大切なところです。諸悪莫作の修行の力が現れた人は、悪事を行っても当然のような環境下にいても、決して悪事をしないというのです。「悪いことを決してしない」という努力を積み重ねているうちに、特に頑張らなくても、しだいに自然と悪いことをしないようになっていく、それを道元禅師は「莫作の力量の現成」と言うのです。

現代社会における諸問題に対する取り組みでも、同じことが言えます。はじめは、「環境を破壊してはいけない」「戦争をしてはいけない」「差別をしてはいけない」と心して努力することが大切です。つねに、心がけ、行い、反省することが必要です。そうしているうちに、必ず道元禅師のいう「莫作の力量」が現れてきて、そのときにこそ、これらの問題に対する本当の解決がなされるのだと思われます。

環境を破壊することなどできない。

戦争をすることなどできない。

差別することなどできない。

そういう人間となることが、仏教や禅が目ざすところであり、それに応じて努力しつづけることが、私たちの修行なのです。

諸悪莫作という自分作り

私たちは自分で意識していなくても、知らないうちに他人を傷つけていることがあります。私自身にもそのような体験があります。

私が僧侶《そうりょ》としてまだまだ未熟であった頃、あるお宅へ伺ってお仏壇の供養をしたことがありました。お仏壇やお仏像を新たに購入しお祀《まつ》りしたときには、開眼《かいげん》供養ということを行うのです。読経のあと、私はお仏壇のほうに向かったままで、参列者に背を向けるかたちで、お仏壇の祀り方や、お供え物について説明し、お参りのしかたについてお話ししました。線香は何本立てるとか、お焼香は何回するとか、鐘は何回うつとか説明するなかで、つぎのようにお話ししました。

「お焼香のときは、必ず右手でいたします。インドの古い思想では、右手が浄手《じょうしゅ》、左手が穢手《えしゅ》とされ、右手の指についても親指と人差し指と中指が浄指《じょうし》で、お焼香は右手のこの三本の指でつまんでいたします。」

と。そして「さあ、どうぞお焼香をしてください」と言って香爐《こうろ》を回しました。当時、私はまだ大学を卒業したばかりの頃で、大学で得た知識を大いに語ろうと努めていました。インドでは指を用いて食事をしますが、確かに右手の三本指をじょうずに用いています。古代インドにおいては、右と左というのは聖なるものと俗なるもの、あるいは浄《きよ》きものと穢《けが》れたものとして区別され、お釈迦様は聖母摩耶夫人《まやぶにん》の右わき腹から生まれたとされていますし、坐禅《ざぜん》の脚の組み方でも右脚を上にするか左脚を上に置くかで、降魔坐《ごうまざ》あるいは吉祥坐《きちじょうざ》といわれて違った意味を持つとされます。

確かに、そのような思想が仏教にも影響し、その習慣が中国や朝鮮を経て日本へと伝えられ、お焼香は通常、右手でするものと教えられてきたのです。

法要が終わってお茶をご馳走《ちそう》になったのですが、右手が臂《ひじ》のあたりからない女性が、左手で私にお茶を指し出し、やさしくほほ笑みながら「どうぞ、お召し上がりください」とお茶を勧めてくれました。私は「しまった」と思いました。

彼女は、ほかの参列者と一緒に「お焼香は左手ではなく右手でするものです」という私の話を聞いていたはずで、右手がない彼女は、左手でお焼香をしたに違いありません。彼女は、どのような思いで、私の得意げな解説を聞き、どのような思いで左手でお焼香をしたのだろうかと思うと、申しわけないと思いながらも、未熟な私は何も彼女に語る言葉がありませんでした。

彼女は、もしかすると、単にお焼香の作法として聞いてくれたのかもしれない、いや、そんなはずはない、やるせない思いであったはずだ、周囲の参列者もどのような思いであったのか、などと思うと、心に痛みを覚えました。その後、私はお焼香に限らず、右だの左だのという話はやめることにしました。右手がなければ、左手ですればいいのですし、両手がなければ、足でしてもいいのです。心のなかでするお焼香や合掌もあるはずです。

私が彼女の心を傷つけたとすれば、それは故意に傷つけたのではなく、知らないうちに無意識に傷つけたのであろうと思います。無意識ではあっても人の心を苦しめることがあるのです。そういうことが日常生活にはあると、私たちは自覚しなければなりません。

とにかく実践が大切

道元禅師が示す「諸悪莫作」ということ、そしてその実践。またその実践を積み重ねて「莫作の力量」を現すということ。これは仏教において実に大切なことです。

かつて、中国唐代の鳥窠道林《ちょうかどうりん》（七四一～八二四）という禅師は、有名な中国の詩人、白居易《はくきょい》（白楽天《はくらくてん》）に「如何是仏法大意」（仏の教えにおいて、最も大切なことは何ですか）と質問されて、「諸悪莫作、衆善奉行」（悪いことをせず、善いことをすること）と答えています。白居易は、そのようなことはあたりまえのことだとして「もし恁麼《いんも》にてあらんは、三歳の孩児《がいじ》も道得ならん」（そんなことだったら三歳の子どもだって言えるぞ）と言い返します。すると、道林は「三歳孩児縦道得、八十老翁行不得」（三歳の子どもでも言えるかもしれないが、八十の老人でも行うことはできまい）と切り返しました。白居易は、この言葉に黙ってしまいます。

確かにそのとおりです。「環境を破壊してはいけない」「争ってはいけない」「差別をしてはいけない」ということは、みな分かっています。分かっているのですが、実践することは難しいことです。つい犯してしまうのです。無意識のうちに環境を破壊したり、人の心を傷つけたりしてしまっていることもあるのです。

繰り返しますが、まずは心して努力すること。つねに心がけ、行い、反省すること。

つまり「諸悪莫作」（悪いことをしない）という実践が大切です。そうしているうちに、必ず道元禅師の言う「莫作の力量」が現れてきて、本当の「諸悪莫作」（悪いことができない）という自分ができあがるのです。そのときにこそ、環境・平和・人権をはじめとする大切な問題に対する本当の解決がなされるのでしょう。

第17章　有時——存在と時間は一体のもの

道元禅師の世界観・存在論

いはゆる有時《うじ》は、時《じ》すでにこれ有《う》なり、有はみな時なり。

（『正法眼蔵《しょうぼうげんぞう》』「有時《うじ》」）

〈ここで言う有時というのは、時《とき》（時間）がすでに有（存在）であり、有はみな時であるということである〉

ここには、きわめて哲学的な道元《どうげん》禅師の存在論と時間論が示されています。つまり、存在は時間であり、時間は存在である、という説示です。

ところで、ここに用いられている「有」というのは、いわゆる物質的な存在だけを示すのではないので、「存在」という訳はぴったりしないのですが、ここでは「存在」と訳しておきます。また、「時」というのは、時の流れの二点間の長さとしての「時間」のことではなく、「時の流れ」そのものをいうわけですが、ここでは「時間」と訳しておきます。

さて、この章では、ちょっと哲学的に、道元禅師の世界観、存在論、時間論について学んでみましょう。道元禅師に、この世界のあり方をどのように見ていたのか、『正法眼蔵』のなかで、思想家や哲学者からもっとも注目されている巻のひとつである「有時《うじ》」の巻を中心にして探ってみます。

尽地に万象百草《まんぞうひゃくそう》あり、一草一象おのおの尽地にあることを参学すべし。かくのごとくの往来は、修行の発足《ほっそく》なり。到恁麼《とういんも》の田地《でんち》のとき、すなはち一草一象なり、会象不会象《えぞうふえぞう》なり、会草不会草《えそうふえそう》なり。正当恁麼時《しょうとういんもじ》のみなるがゆゑに、有時みな尽時なり、有草有象《うそううぞう》ともに時なり。時時《じじ》の時に尽有尽界あるなり。しばらくいまの時にもれたる尽有尽界ありやなしやと観想すべし。（『正法眼蔵』「有時」）

〈全大地には、さまざまな形あるものや、たくさんの草木が存在する。また
その一本一本の草やひとつひとつの形あるもののなかに、また全大地がある

ことをよくよく学ぶべきである。このように学んで、ひとつの事物からひとつの事物へと往来するのが、修行の始まりである。このような境涯に至ったとき、一本の草やひとつひとつの形あるものがある。形があってもなくても、草であってもなくても、すべてその時だけであるから、その形として現れている時間が、すべての「時」なのである。存在としての草も存在としての形もみな「時」なのである。そのときそのときの「時」にすべての存在があり、すべての世界があるのである。しばし、今の「時」から漏れてしまっているすべての存在や全世界があるのかどうか、しっかり考えてみるべきである（漏れてしまっているものなどない）〉

この地球上、つまり全世界には、あらゆる存在があります。すべての存在が集まって全世界ができています。そのあらゆる存在のひとつひとつに、実は全世界があるというのです。一本の花から一本の花へと蝶《ちょう》が舞い移って蜜《みつ》を吸っています。それを蝶は全世界から全世界へと飛び歩いているというのです。私ごとですが、私は東京にある大学と長野県の伊那《いな》市にあるお寺とを、毎週行き来しています。そのことを、あのときは東京にいました、あのときは長野県にいました、というのではないというのです。私は全世界から全世界へと、全宇宙から全宇宙へと行き来しているというのです。

そのように受けとることができるのが禅の修行者なのです。今・どこにいるのかわからなくても、今・自分がいるこのところ、そして自分という存在、そして今という時間、そのときそのときの時間にすべての時間があり、すべての存在がある、今という時間から除外されている存在はない、それが道元禅師の世界観です。もう少し、道元禅師の言葉を見てみましょう。

道元禅師の時間論

仏法をならはざる凡夫《ぼんぷ》の時節にあらゆる見解《けんげ》は、有時《うじ》のことばをきくにおもはく、あるときは三頭《さんず》八臂《はっぴ》となれりき、あるときは丈六八尺《じょうろくはっしゃく》となれりき、たとへば、河をすぎ、山をすぎしがごとくなりと。いまはその山河《せんが》たとひあるらめども、われすぎきたりて、いまは玉殿朱楼《ぎょくでんしゅろう》に処せり。山河とわれと、天と地となりとおもふ。しかあれども、道理この一条のみにあらず。いはゆる、山をのぼり河をわたりし時にわれありき、われに時あるべし。われすでにあり、時さるべからず。時もし去来《きょらい》の相にあらずば、上山の時は有時の而今《にこん》なり。時もし去来の相を保任《ほにん》せば、われに有時の而今ある、これ有時なり。

（『正法眼蔵』「有時」）

〈仏法を学んでいない凡夫（凡人）の場合に考える「有時」についての見解では、「（仏というものは）あるときは三頭八臂（三つの頭と、八つの腕を持つ不動明王）の憤怒《ふんぬ》の姿を現し、あるときは丈六（一丈六尺の立像）八尺（八尺の坐像《ざぞう》）となって仏像の姿を現す。たとえば自分は河や山を過ぎてきたというようなものである。今はその山も河もその場所にあるであろうが、私は今は美しい御殿にいる。そして山や河と私とは、天と地ほどに隔たってしまった」と（凡夫）は思う。しかしながら、（真実の）道理はそれだけではない。というのは、山を登り河を渡ったときに私があった、その私に「時」というものがあるのである。私はすでにこうして存在している、その私から「時」は去ってゆくはずはない。「時」がもし過ぎ去ってしまったり、やって来たりする相（ありよう）でないとしたら、山に登ったとき、そのときが「有時」（時間と存在がひとつである）の「而今」（まさに今）である。したがって「時」がもし過ぎ去ってしまったり、やって来たりする相を保っているとすれば、私に「有時」の「而今」がある。これが「有時」ということである〉

きわめて哲学的な説示ですので、現代語訳も難しく、訳してもよく分からない部分もありますが、ここに示されている「有時《うじ》」という言葉は、「あるときは」どこにいて、また「あるときは」どんな姿をしていて、というような、時間の経過のなかにおける一時《いっとき》をいうのではなく、またその一時における存在のしかたをいうのでもないと言われるのです。道元禅師が言われる「有時」とは、「あるときは」ということではなく、時間と空間（存在）がひとつであるという現実のあり方、それを「有《う》」（空間・存在）と「時《じ》」（時間）をひとつにして「有時」というのです。そして私たちの人生は常に「有時」であり、「今」「ここ」だけであり、そのほかに「私」は存在しないということになります。このことは「私」だけについて言えるのではありません。松も竹も、山も海もそうであると道元禅師は、つぎのように言います。

松も時なり、竹も時なり。時は飛去《ひこ》するとのみ解会《げえ》すべからず、飛去は時の能とのみは学すべからず。時もし飛去に一任せば、間隙《かんげき》ありぬべし。有時の道《どう》を経《きょう》聞《もん》せざるは、すぎぬるとのみ学するによりてなり。要をとりていはば、尽界にあらゆる尽有《じんう》は、つらなりながら時時《じじ》なり。有時なるによりて吾有時《ごうじ》なり。

（『正法眼蔵』「有時」）

〈松も時である、竹も時である。時というのは飛び去るものとばかり理解してはいけない。飛び去ることが時の得意とするところだと学んでもいけない。時がもし飛び去るということだけならば、飛び去る間に隙間《すきま》があるはずである。「有時」の正しい意味を聞くことを経験しないのは、時は過ぎ去るとだけ学ぶからである。要するに、全世界のあらゆる存在は、連なりながらそのときそのときなのである。存在と時間はひとつであるから、私と存在と時間とはひとつである〉

静止し存在しているように見える松や竹などの植物も「時」（時間）であるというのです。動き回ったり飛び去ったりしているものは移動しますから、その場所の移動によって時の移り変わりを考えることができますし、時とはそのようなものであると私たちは思いますが、「時」とは飛び去る（行き過ぎる）ものだけではないことをここでは示しています。そして松そのものの存在も、竹そのものの存在も「時」であるというのです。そしてつぎに、存在と時間ということについて、一般的な常識をくつがえす説示が語られます。

山も時《じ》なり、海も時なり。時にあらざれば山海あるべからず、山海の而今《にこん》に時あらずとすべからず。時《じ》もし壊《え》すれば山海も壊す、時もし不壊《ふえ》なれば、山海も不壊なり。この道理に明星《みようじよう》出現す、如来出現す、眼睛《がんぜい》出現す、拈華《ねんげ》出現す。これ時なり。時にあらざれば不恁麼《ふいんも》なり。(『正法眼蔵』「有時」)

〈山も時である、海も時である。時でなかったら海も山もあるはずがなく、山や海の而今(まさに今)に時がないとするのでもない。時がもしなくなってしまえば、山や海もなくなってしまう。時がもしなくならなければ、山も海もなくならない。この道理において、明けの明星が出現し、仏陀《ぶつだ》(釈尊)が出現し、仏陀の眼《まなこ》がまばたきし、摩訶迦葉《まかかしよう》との拈華《ねんげ》微笑《みしよう》も出現し、それによって仏教が代々伝わってきたのである。まさに、これが時ということである。時がなければ、このようにはならなかったのである〉

私たちは、もし仮に時間が止まってしまったら、世界のあらゆるものごとも静止するかのように考えます。しかし、この道元禅師の説示によれば、時間だけが止まって、この世界のあらゆるものごとが存在しているという状態はあり得ないことになります。時間が静止すれば、存在もなくなるのです。存在がなくなれば時間もなくなるのです。時間だけがあり、存在だけがあるということはあり得ない、それが道元禅師の見方です。

存在と時間はひとつ

私たちは、頭のなかで、私たちが生きているこの世界を分析して、時間と空間を区別して考えることができます。同様に、身体と心を区別したり、自分と自分をとりまく環境とを分け隔てて考えます。しかし、事実は、決してそのように区別することができない、というのが仏教の教えでもあります。たとえば、人々に親しまれている『般若心経』のなかにつぎのような言葉が出てまいります。

是《ぜ》諸法空相《しよほうくうそう》。不生不滅《ふしようふめつ》。不垢不浄《ふくふじよう》。不増不減《ふぞうふげん》。是故空中《ぜこくうちゆう》。無色無受想行識《むしきむじゆそうぎようしき》。無眼《むげん》耳鼻舌身意《にびぜつしんい》。無色声香味触法《むしきしようこうみそくほう》。無眼界乃至無意識界《むげんかいないしむいしきかい》。

〈このもろもろの法は空相にして、生ぜず滅せず、垢《あか》つかず浄《きよ》からず、増さず減らず。この故に空のなかには、色も無く受・想・行・識も無く、眼・耳・鼻・舌・身・意も無く、色・声・香・味・触・法も無く、眼界も無く乃至意識界も無い〉

ところで仏教では、「十八界」といわれる〝人間存在の十八の構成要素〟を分析し、人間は六根、六境、六識の十八要素の集合・離散であって、一切のもの（存在）はすべてこれら十八の組み合わせによるにすぎない（「十八界之聚散」…『正法眼蔵随聞記』巻五）と説きます。

【六根】（知覚器官・主観）	【六境】（対象世界・客観）	【六識】（認識作用）
眼	色（かたち）	眼識（視覚）
耳	声	耳識（聴覚）
鼻	香	鼻識（嗅覚）
舌	味	舌識（味覚）
身（皮膚）	触（触れられる対象）	身識（触覚）
意（心）	法（考えられる対象）	意識（知覚・識別作用）

つまり、眼で形あるものを見て認識し、耳で声や音を聞いて認識し、鼻で臭いを嗅《か》いで認識するというように、眼・耳・鼻・舌・身・意という六根（知覚器官＝主観）によって、色・声・香・味・触・法という六境（対象世界・環境＝客観）を認識して、私たちは生きていると説いています。このように認識の成立のための要素を根・境・識によって十八に分類したものが「十八界」というわけです。

しかし、なぜか『般若心経《はんにゃしんぎょう》』では、「無眼耳鼻舌身意。無色声香味触法。無眼界乃至無意識界」として、これら十八界は〝無い〟と説くのです。なぜ、〝無い〟のかといえば、これらは確実な、実体的な存在ではないからです。そしてこのような分析は、もともと分析できないものを仮に、便宜的に分析したのであり、そもそも分析できるものではないからです。「目で、物を見て、認識する」ということを例にとれば、これは一体であって、分けられるものではありません。どこまでが〝見る〟という働き（作用）で、どこからが見られる〝物の存在〟であるのか、また見たものを認識する場合、どこまでが物質（生理）的な働きで、どこからが心（意）の働きなのか、明確に区別できるものではありません。このように分けて考えられないのが真実の世界（「空」の世界）です。『般若心経』では、これら六根・六境を示す語に「無」という字をつけて、「空」の世界を説いているのです。

『般若心経』のこのような分析と同様に、「有」（存在・空間）と「時」（時間）も分けられるものではなく、ひとつの事実としてあると道元禅師は言うのです。

有時を生きる

それでは、そのような「有時」という現実を、どう生きたらいいのか。まず「生きる」ということはどういうことなのか、道元禅師はつぎのように示しています。

生といふは、たとへば人のふねにのれるときのごとし。このふねは、われ帆をつかひ、われかぢをとれり、われさほをさすといへども、ふねわれをのせて、ふねのほかにわれなし。われふねにのりて、このふねをもふねならしむ。この正当《しようとう》恁麼時《いんもじ》を功夫《くふう》参学すべし。この正当恁麼時は、舟の世界にあらざることなし。天も水も岸も、みな舟の時節となれり、さらに舟にあらざる時節とおなじからず。このゆゑに、生はわが生ぜしむるなり、われをば生のわれならしむるなり。舟にのれるには、身心依正《しんじんえしよう》、ともに舟の機関なり。尽大地・尽虚空、ともに舟の機関なり。生なるわれ、われなる生、それかくのごとし。(『正法眼蔵』「全機」)

〈生とは、たとえば人が舟に乗っているときのようなものである。この舟は、私が帆を使い、舵《かじ》をとり、棹《さお》をさして進むとはいえ、舟が私を乗せているのだから、舟のほかに私はない。私が舟に乗り、私がこの舟を舟たらしめている。まさにこの時をよく考えてみなさい。まさにこの時は、この舟が全世界である。大空も大海の水も彼方《かなた》に見える岸も、みな舟の「時」(時節)となっている。決して舟でない「時」があるのではない。それゆえに、「生」とは私が生じさせているものであり、私を「生」が私にさせているのである。

舟に乗っているときには、私も、私をとりまく環境もともに舟の機関である。すべての大地もすべての空間もともに舟の機関である。生である私、私である生、それは以上のようである〉

人生とは、人が舟に乗って帆や舵や棹によって舟を操るようなものであり、私たちは自分の意志で主体的に生きることができます。このとき、舟を離れて私はなく、私は舟とひとつであり、その舟はまた世界とひとつであり、舟の時間と全世界の時間とはひとつである……、そのように私は生きているということでしょうか。

通常、「私」がこの「世界」のなかで「生きている」、そこに「時間」の経過がある、と考えます。しかし、道元禅師は、「私」と「生きている」ということと「時間」と「世界」はみなひとつのことであると言っているのだと思います。それが事実であり、その事実をいったいどう生きたらいいのかといえば、『正法眼蔵』「現成公案」の巻に、

このところをうれば、この行李《あんり》したがひて現成公案《げんじょうこうあん》す。このみちをうれば、この行李したがひて現成公案なり。このみち、このところ、大にあらず、小にあらず、自にあらず、他にあらず、さきよりあるにあらず、いま現ずるにあらざるがゆゑに、かくのごとくあるなり。しかあるがごとく、人、もし仏道を修証《しゅしょう》するに、

得一法通一法《とくいっぽうつういっぽう》なり、遇一行修一行《ぐういちぎょうしゅいちぎょう》なり。

〈生きるところを得たからには、また、この生きる道を得たからには、この現実にしたがって「現成公案する」（現実を真剣に生きる）のである。この生きる道を得たからには、この現実にしたがって「現成公案」である。この道、このところは、（空間的に）大でもなく小でもなく、自分でもなく他でもなく、（時間的に）先よりあるのではなく、今現れるのでもないから、ただこのようにあるのである。このように、人間も、もし仏道を修証するなら、ひとつのことを得ればひとつのことに通じ、ひとつの行《ぎょう》に遇《あ》えばひとつの行を修行するのである〉

とあります。要旨は、私たちが人生を生きていくということは、つねにひとつのこと、ひとつの行いを生きてゆく、それ以外にないということでしょうか。

道元禅師の世界観・存在論・時間論といった難解な哲学的な思惟《しゆい》も、結局は単純な結論に到達するわけですが、まことに人生は、「今」「ここ」「このこと」を「生きてゆく」ということの連続であり、そこに懸命になるしかないと、気づかされるのです。

第18章　磨塼作鏡——瓦を磨いて鏡とする

塼を磨く

道元《どうげん》禅師の坐禅の特徴を説明するとき、しばしば引用される話に、『景徳伝灯録《けいとくでんとうろく》』巻五の南嶽懐譲《なんがくえじょう》章にある、師の南嶽懐譲（六七七〜七四四）と弟子の馬祖道一《ばそどういつ》（七〇九〜七八八）の「磨塼作鏡《ませんさきょう》の話」があります。この話の解釈に、道元禅師の坐禅観が実に特徴的に現れています。

まず、有名な「磨塼作鏡」の話を紹介します。

馬祖はよく坐禅をしていました。南嶽は馬祖がすぐれた人材であることを認め、あるとき坐禅をしている馬祖に尋ねました。

南嶽「お前は坐禅をして、どうしようとするのか？」

馬祖「仏になろうと思います」

すると南嶽は塼《かわら》（瓦）を取り、それを磨《みが》きはじめました。

馬祖「何をしておられるのですか？」
南嶽「塼を磨いて鏡を作ろうと思っている」
馬祖「塼を磨いて、どうして鏡になりましょうか」
南嶽「坐禅してどうして仏になれようか」

さらに問答は続きますが、この話は「坐禅」を「磨塼」（塼を磨くこと）にたとえ、「作仏《さぶつ》」（仏になること）を「作鏡」（鏡にすること）にたとえています。塼を磨いても鏡にならないように、坐禅ばかりしていても仏にはなれないことを示しています。悟りを開くということは坐禅によってなされるのではなく、日常生活のあらゆる修行のなかにその契機（きっかけ）があることを教え、坐禅ばかりしていてもむだであることを示したものです。これが中国禅の基本的立場であり、この話の意味するところです。それがこの話の妥当な解釈であり、臨済禅ではそのように理解していると思われます。

しかし、道元禅師は、『正法眼蔵随聞記《しょうぼうげんぞうずいもんき》』や『正法眼蔵』「坐禅箴《ざぜんしん》」・「古鏡《こきょう》」の巻でこの話をとりあげ、まったく違った解釈をしています。

　南嶽の塼《かわら》を磨《ま》して鏡を求めしも、馬祖の作仏《さぶつ》を求めしを戒めたり、坐禅を制するには非《あらざ》る也。坐《ざハ》すなはち仏行《ぶつぎょう》なり。坐即《ハすなわち》不為《ふい》也。是即《これすなわち》自己の正体《しょうたい》也、此外《このほか》

別に仏法の可《キ》ㇾ求《ム》無《な》き也。（『正法眼蔵随聞記』巻二）

〈南嶽が塼を磨いて鏡にしようとしたのは、馬祖が坐禅をして仏になろうとしたのを戒めたのである。坐禅を止めさせようとしたのではない。坐禅は仏行である。坐禅は不為（作為を離れた行為）であって、何かのためにするのではない。これが自己の正体そのものであり、このほか別に仏法が求めるものはないのである〉

つまり、坐禅をすることを無意味なものとして止めさせたのではなく、仏となることを目的とすることを戒めたと解釈するのです。さらに言えば、坐禅に目的意識を持ち、坐禅を打算的行為とすることを戒めたものだというのです。坐禅は何かを求めてするものではなく、自己の正体をそのまま現す行が坐禅であり、仏法においてはそれ以外に別に何かを求める必要はないと示しています。それが正しい解釈であると道元禅師は言います。

ここに道元禅の道元禅らしさがあり、ひいては曹洞禅の教義の特徴があるといえます。

先の引用文の、南嶽の最後の言葉を「坐禅してどうして仏になれようか」と現代語訳しましたが、原文は「坐禅豈得作仏耶」(坐禅豈《あ》に作仏を得んや)とあります。道元禅師は『正法眼蔵』「坐禅箴」の巻において、この言葉を解説して、

あきらかにしりぬ、坐禅の作仏《さぶつ》をまつにあらざる道理あり。作仏の坐禅にかかはれざる宗旨かくれず。

〈明らかに知ることができる。坐禅が作仏を期待するのでない道理がここにある。作仏が坐禅に関わらないという宗旨が隠れているのではない〉

と言っていることから、この「坐禅豈得作仏耶」という語を「坐禅の行において何ゆえに作仏を得ようと思うのだ(作仏を期待してはいけない)」と解釈していると考えられます。

臨済禅と曹洞禅との違いを明確にすることは難しいのですが、この「坐禅観」あるいは「修証観」「作仏観」において、相違の一端をうかがうことができます。

臨済禅は、「作仏」あるいは「悟り」について、それは生活全般のなかのあらゆる行のなかに見いだされるべきものであるとし、坐禅の一行に執着しないのです。

一方、曹洞禅は必ずしも坐禅の一行に執着するわけではありませんが、坐禅を第一

の修行とし、そもそも「作仏」や「悟り」そのものにも執着してはならないと教えるのです。

塼が鏡になる

ところで、先の「磨塼作鏡の話」において、「塼を磨く」（坐禅をする）ことは「無意味なこと」と解釈されています。しかし、道元禅師にとって「塼を磨く」ことは決して無意味なことではなかったのです。塼を磨くことこそが大切であるとします。そして、「塼を磨いて鏡にしなければならない」と教えるのです。

塼《かわら》のちりあるにはあらず、ただ塼なるを磨塼するなり。このところに、作鏡の功徳《くどく》の現成《げんじょう》する、すなはち仏祖の功夫《くふう》なり。磨塼もし作鏡せずば、磨鏡も作鏡すべからざるなり。たれかはかることあらん、この作《さ》に作仏あり、作鏡あることを。（『正法眼蔵』「古鏡」）

〈塼に塵《ちり》がついているのではない。ただ塼を塼そのままに磨くのである。ここにこそ鏡が鏡となる功徳が現れる。これが仏祖の精進である。もし、塼を磨いて鏡にならないというなら、鏡を磨いても鏡にはならない。だれが知っ

ているだろうか、この「作《す》る」（磨く）ということが「仏になる」ことであり「鏡となる」ということであることを〉

道元禅師にとって、磨いてどうするのかということは、むしろ問題ではなかったのです。「磨く」というその行為が問題でした。何をたとえているのかというと、修行してどうするのかではなく、修行そのことが重要であったのです。とはいえ、道元禅師は悟りを否定しているのではありません。悟りをはるかに超えたのです。いかなる目的も持たずに「ただ坐《すわ》る」、それが道元禅師があまねく勧める（普勧）坐禅でありました。

常識的に考えれば、いくら塼を磨いても鏡にはなりません。しかし道元禅師は塼を磨けば鏡になるというのです。それはどういうことかというと、塼を塼のままに磨くこと、塼を一生懸命磨いてすばらしい塼にすること、それが塼を磨いて鏡にするということであると言うのです。

「私」が「坐禅」をして「仏」になるのではありません。「私」がただ「私」になること、「私」がほんとうの「私」になること、それが坐禅であるといえます。塼は塼でいいのです。鏡は鏡でいいのです。私は私でいいのです。そこに何の優劣もありません。

たとえ話をしてみますが、人間が人間であること、昆虫が昆虫であること、樹木が樹木であることは、みな同等です。

人間は、力によって蟻を踏み殺すことができます。その点で人間は、確かに蟻にまさる力を持っているのかもしれません。しかし、蟻が蟻であることは、人間が人間であること以下のことではないのです。まったく同等です。むしろ、大自然を人間の所有物だと思っている人間は、蟻が蟻らしく大自然とともに存在していることにくらべれば、実に下等であるかもしれません。

また、人間は、力によって樹木を切り倒すことができます。その点で人間は、確かに樹木にまさる力を持っているのかもしれません。しかし人間は、樹木が樹木であることにまさるものではなく、樹木を切り倒すことはできても、樹木を作り出すことはできません。樹木は樹木の力で樹木となり、あるがままに存在しています。このことにおいて、自らの利益のために樹木を破壊し、地球環境を悪化させている人間は、樹木以上の存在であるとはいえないかもしれません。

非現実的なたとえですが、もし、この大宇宙に、知性も科学も地球人にまさる生命体が存在し、地球を征服しようとしたとします。このとき、人間が蟻を踏みつぶすごとくに、宇宙人が地球人を殺傷しようとしたとします。彼らは、その知性が我々よりはるかにすぐれ、力によって我々にまさり、いとも簡単に抹殺し得たとしても、同じ生命体ということにおいて、その存在が我々人間以上であるとはいえないのです。人間が人間であることをあるがままに示していることにおいて、彼らが彼らであることと比較すれば、同等なのです。そして、そのような行為をなすことにおいて、彼らは同じ生命体として、人間以下となるでありましょう。

あらゆる存在は、それぞれに異なった様相を現しながらすべて等価値である。私はそのように思うのです。

いったい私が何を言おうとしているのかというと、人間が人間であることをあるがままに現す行、坐禅とはそのようなものであるということです。

塼を磨くというのは、人間が人間であることをあるがままに表現することであり、磨くということは、エゴを捨てて本来の自分自身に立ち戻ることです。先ほどの引用文の道元禅師の言葉に「坐即不為也。是即自己の正体也」とありましたが、不為とは、作為を離れた行為ということです。作為を離れた行為である坐禅を、道元禅師は「自己の正体」と言うのです。

坐禅のしかた

さて、それでは、自己の正体をそのまま行ずる坐禅とは具体的にどのように行うものなのか、道元禅師の書かれた『普勧坐禅儀《ふかんざぜんぎ》』によって解説いたしましょう。

夫《そ》れ参禅は、静室《じょうしつ》宜《よろ》しく。飲食節《おんじきせつ》あり。諸縁を放捨《ほうしゃ》し、万事を休息して、善悪を思わず、是非を管《かん》すること莫《なか》れ。心意識《しんいしき》の運転を停《や》め、念想観《ねんそうかん》の測量《しきりょう》を止《や》めて、作仏《さぶつ》を図ること莫《なか》れ。豈坐臥《あにざが》に拘《かか》わらんや。

〈坐禅をするには、静かな部屋がよい。飲食も、食べ過ぎたり、逆に空腹であってもいけない。心を乱すような関わりごとを投げ出し、すべてのことをやめ、善悪正邪を思ってはいけない。思慮分別することもやめ、仏になろうと思ってもいけない。坐禅しているということも忘れなさい〉

坐禅を行う場合のよい環境、その心得を示しています。坐禅のときは、私たちの身体が非常に敏感になります。身体がととのい、息がととのい、心がととのうことによって、身体の感覚作用がより生き生きと働くからであるといわれます。坐禅はよく独楽《こま》が勢いよく回っている状態にたとえられます。もっとも勢いよく回転する独楽は静止して見えますが、止まっているのではありません。坐禅の姿勢が静止しているように見えても、身心は活発に働いているのです。自《おの》ずと感覚作用も敏感になっています。だから、静かな部屋でないといけません。明るすぎたり暗すぎたり、強い臭気が漂っていたり、極端に暑いところ寒いところ、風が強いところなどは、坐禅によい環境とはいえません。飲食も節度をもってとるようにしなければなりません。坐禅をするときは、満腹でも空腹でもいけないのです。また、日常生活の是非分別の出来事を坐禅に持ちこんではいけません。すべてから解放されて、ゆったりと坐るのです。

そしてつぎに、その姿勢についてです。

尋常《よのつね》、坐処《ざしょ》には厚く坐物《ざもつ》を敷《し》き、上に蒲団《ふとん》を用《もち》ゆ。或《あるい》は結跏趺坐《けっかふざ》、或は半跏趺《はんか》坐。謂《いわ》く、結跏趺坐は、先《ま》ず右の足を以って左のももの上に安《あん》じ、左の足を右のももの上に安ず。半跏趺坐は、但《た》だ左の足を以って右のももを圧《お》すなり。寛《ゆる》く衣《え》帯《たい》を繫《か》けて、斉整《せいせい》ならしむべし。次に右の手を左の足の上に安じ、左の掌《たなごころ》を右の掌の上に安ず、両の大拇指《だいぼし》、面《むか》いて相い拄《ささ》う。乃《すなわ》ち正身端坐《しょうしんたんざ》して、左に側《そばだ》ち右に傾《かたむ》き、前に躬《くぐま》り後《うしろ》に仰《あお》ぐことを得《え》ざれ。耳と肩と対し、鼻と臍《ほぞ》と対せしめんことを要《よう》す。舌上の腭《あぎと》に掛《か》けて、唇歯《しんし》相著《あいつ》け、目は須《すべか》らく常に開くべし。鼻息微《かす》かに通ず。

〈通常、坐る場所には厚めの座布団を敷き、その上に坐蒲《ざふ》（円形の坐禅用の布団）を用いる。結跏趺坐か半跏趺坐にて坐る。結跏趺坐というのは、まず右の足を左のももの上に置き、つぎに左の足を右のももの上にのせる。半跏趺坐は（右足を左のももの下に置いて）ただ左の足だけ右のももの上にのせる。衣や腰帯などを緩く締めてゆったりとした状態にして、衣類をきちんとととのえる。つぎに、右の手を左の足の上に（手のひらを上にして）置き、左の手のひらを右の手のひらの上にのせる。両手の親指が向かい合って支え合うようにつける。上半身をまっすぐに伸ばしてきちんとすわり、左右に傾いたり、前にくぐまったり、後ろに仰いだりしてはいけない。耳と肩とをまっすぐにし、鼻と臍《ほぞ》（へそ）がまっすぐになるようにする。舌を上あごの歯の付け根につけて口中に空気を溜《た》めることなく、上下の唇と歯をしっかりとつける。目は普通に開く。鼻から静かに呼吸する〉

坐禅の姿勢について示された部分です。脚の組み方や手の組み方、そして上半身の姿勢が説かれています。坐禅のときに、尻《しり》の下に敷く丸い布団を坐蒲《ざふ》と言いますが、この坐蒲の上に背骨が垂直にのり、どっしりと安定している状態にします。坐蒲がない場合は、座布団を二つ折りにしてお尻の下に敷きます。前後左右に傾いていると、上半身が安定せず、変なところに力が入って、長続きせず、かえって身体を痛めることになりますので、坐蒲の上に背骨を垂直にのせて、その上に安定よく頭部をのせるのです。頭部は人間の身体のなかでも重い部分なので、まっすぐに背骨の上に安定させることが大切です。顎《あご》をしっかり引くと、背骨の上に頭部がまっすぐにのります。頭部は横にかしげず、きちんと前を向くようにします。口のなかに空間を作らないようにし、上下の唇と歯をしっかりと付けます。目は普通に開きますが、背骨を伸ばして顎を引くと、視線は自然と下に落ちます。呼吸は鼻からします。息がかすかに鼻孔《びくう》（鼻の穴）を通うようにします。

そして姿勢のつぎに、禅定《ぜんじょう》（坐禅）への入り方と心の持ち方について示されます。

身相既《しんそうすで》に調《ととの》えて、欠気一息《かんきいっそく》し、左右揺振《さゆうようしん》して兀兀《ごつごつ》として坐定《ざじょう》して、箇《こ》の不思量《ふしりょう》底《てい》を思量《しりょう》せよ。不思量底如何《いかん》が思量せん。非思量《ひしりょう》。此《こ》れ乃《すなわ》ち坐禅の要術《ようじゅつ》なり。

〈このように身《からだ》の相《すがた》をととのえたら、おおきく息を吸って吐き出し、左右に身体を揺すって身体を安定させて静止し、山のようにどっしりとすわって、「思考を超えた次元」を「思考する」のである。「思考を超えた次元」をどのように「思考する」のかというと、それが「非思量」ということである。これが坐禅の要諦である〉

身体の姿勢がととのったら、欠気一息ということをいたします。いわゆる深呼吸なのですが、欠気というのは、大きく息を吸って吐き出すことです。禅定の状態に入るときには必要なことです。新鮮な空気を大きく吸って、しっかり吐き出すこと、これが大切です。これを二、三回繰り返すとよいでしょう。そうすると身体も心もきちんと落ち着き、ととのえられます。「兀兀」というのは、山がどっしりと動かない状態をいいます。不動の相《すがた》です。ドカーンと、どっしりと坐るのです。

「箇の不思量底を思量せよ」以下は、中国唐代の薬山惟儼《やくさんいげん》（七四五〜八二八）と僧との問答を踏まえた一節です。「思量」とは思いはかること、考えることです。坐禅のとき、いったい何を考えるのかということですが、……何も考えないのです。何も考えてはいけないのです。「心意識の運転を停《や》め」るというのが道元禅師の教えです。

しかし、坐禅をしていると、いろいろなことが次から次へと頭に浮かびます。何も思わないということは、かえって難しいことです。そこで、呼吸に心を置き、鼻から息が出たり入ったりしていることに心を置き、呼吸によっておなかがふくらんだりへこんだりしていることに心を置いて、頭の中に雑念が起こらないようにします。さらには、呼吸にも身体にも心を置かず、すべてを忘れてただ「ありのまま」の状態になるのです。

さて、坐禅をすることによって精神を訓練して度胸をつけようと思ったり、はたまた健康になろうと思ったり、なにか特別な問題をとりあげて思索しようと思ったり、それによってよい智慧《ちえ》を得ようと思ったり、逆に、精神を統一して特殊な心境になろうと思ったり……、こういう〝思わく〟を持って坐禅をしないことが大切です。「非思量」というのは、これらの思わくをいっさい持ちこまない坐禅のあり方であると言えます。これが坐禅の肝心なところです。

つぎが、この『普勧坐禅儀』のもっとも肝心な部分です。

所謂《いわゆる》坐禅は習禅《しゅうぜん》には非《あら》ず。唯是《ただこ》れ安楽《あんらく》の法門《ほうもん》なり、菩提《ぼだい》を究尽《ぐうじん》するの修証《しゅしょう》なり。

〈正伝《しょうでん》の仏法における坐禅は、悟りを得るための坐禅ではない。ただ、これは安楽の法門である。菩提を究め尽くす修証である〉

道元禅師は、人々に普《あまね》く坐禅を勧めました。それが『普勧坐禅儀』です。ここで勧められる坐禅の大きな特徴は、「習禅」（悟りを目的とした修行としての坐禅）ではなく、「安楽の法門」としての坐禅であることでした。

当時、坐禅というと一般的には、覚りを得ることを目的とした修行であり、そのひとつの方法であると思われていました。道元禅師は、人々に普く坐禅を勧めるにあたり、そのような誤解をまず正さなければならなかったのです。なぜなら、自ら中国に渡り如浄より伝えられた正伝の仏法における坐禅はそうではなかったからです。坐禅は覚りを得るための苦行ではなく、安楽の行であり、さらにいえば仏の行であったのです。

学道のさだまれる参究《さんきゅう》には、坐禅弁道するなり。その榜様《ぼうよう》の宗旨《しゅうし》は、作仏《さぶつ》をもとめざる行仏《ぎょうぶつ》あり。（『正法眼蔵』「坐禅箴《ざぜんしん》」）

〈仏道を学ぶ（行ずる）うえにおいて、参じ究めるべきことは坐禅をつとめることである。その坐禅の基本的あり方は、「作仏」（仏になること）を求めることでなく、「行仏」（仏の振る舞いを行ずること）である〉

道元禅師の坐禅は、このように、「作仏」から「行仏」へと転換したところに大きな特徴があります。

第19章　仏性――仏としての在り方

仏性とは何か

「仏性《ぶっしょう》」とは、仏教において一般的には、「仏の本質」「仏となる因、可能性」のことをいいます。『涅槃経《ねはんぎょう》』というお経に用いられている言葉で、「一切衆生悉有仏性《いっさいしゅじょうしつうぶっしょう》」（一切の衆生は、悉《ことごと》く仏性を有する）とあります。「仏性」が一切の衆生に具《そな》わっており、衆生は仏と本質を同じくするから、衆生はすべて仏となることが可能である、とするものです。

それでは、仏の本質とは何なのか、仏の本質とはどういうことなのか、それを明らかにすることが、修行者にとって非常に大切なことであるとされます。

道元《どうげん》禅師も、仏道を学ぶ者は必ず仏性とは何かを明らかにし、これを論じなければならないと説いています。

おほよそ仏性は、いまの慮知念覚《りょちねんかく》ならんと見解《けんげ》することとさめざるによりて、有仏性の道《どう》にも、無仏性の道にも、通達の端《たん》を失《しっ》せるがごとくなり。道取すべきと学習するもまれなり。……仏性といふ道得を、一生いはずしてやみぬるもあるなり。あるひはいふ、聴教のともがら仏性を談ず、参禅の雲衲《うんのう》はいふべからず。……聴教といふことの仏道にあるか、参禅といふことの仏道にあるか。いまだ聴教・参禅といふこと、仏道にはなし、としるべし。(『正法眼蔵』「仏性」)

〈だいたい仏性というのは、「私たちに具わっている感覚や認識する心であろう」とする誤解があり、そこから目覚めないので、「有仏性」という言葉にも「無仏性」という言葉にも、ほんとうの意味を理解する糸口が見いだせないようである。また仏性の意味を語ろうとして学ぶ者も稀《まれ》である。……一生、言わないで終わってしまう者もいる。あるいは、仏性についてあれこれ言うのは、聴教(学問)の者たちであり、参禅(実践)の者たちは言ってはならない、と言う。……聴教(だけ)ということが仏道にあるのか、参禅(だけ)ということが仏道にあるのか。いまだ聴教だの参禅だのと分けるようなことは仏道にはないと知るべきである〉

ここでは、仏性に対する誤った理解が述べられています。仏性がすべての生きとし生けるものに具わっているといっても、それは慮知念覚のことではない、と言っています。つまり、ものごとを感じ、知覚したり、認識し分別し判断する、そのような働きを仏性と思う人が多いのですが、それが仏性ではない、というのです。そのような間違った理解をしないように、仏道を学ぶ者は、仏性とは何であるのかを、正しく受けとらなければいけないと言われます。

確かに、仏教においては実践が大切ですが、仏性について誤って理解してしまうと、その実践も正しい実践にはならない。したがって、「禅に参ずる修行者は、仏性についてあれこれと論じてはならない、実践こそ大切だ」などというのは誤りでしょう。正しく伝えられた仏法では、聴教（学問）であるとか参禅（実践）であるとかの区別はないのであり、修行者は必ず仏性とは何であるのかを論じ、仏性を論ずる修行者は必ず仏道を修行するものである、というのです。また、

仏性の道取・問取は、仏祖の家常茶飯《かじょうさはん》なり。（『正法眼蔵』「仏性」）

とあるように、仏性について論じ、分からなければこれを師に尋ねるのが、仏祖の日常の営みであるというのです。

仏性についての誤った理解

それではいったい仏性とは何なのか、その前にまず、仏性についての誤ったとらえ方を道元禅師の言葉から学んでみましょう。

『正法眼蔵』「仏性」に、

仏性の言《ごん》をききて、学者おほく先尼外道《せんにげどう》＊1の我《が》＊2のごとく邪計《じゃけい》せり。それ人にあはず、自己にあはず、師をみざるゆゑなり。いたづらに風火《ふうか》の動著《どうじゃく》＊3する心意識＊4を、仏性の覚知・覚了＊5とおもへり。たれかいふし、仏性に覚知・覚了ありと。覚者・知者はたとひ諸仏なりとも、仏性は覚知・覚了にあらざるなり。

＊1先尼外道……身体は滅しても心（霊魂）は不滅であるとする外道（仏教以外の教え）。＊2我……常一主宰。人間の自我のなかに、自己の中心となるものを認め、これが常住であり、一なるものであり、自己を主宰するものであるとし、これを我（アートマン）と呼んだ。＊3風火の動著……四大（地・水・火・風）の集まりによって成り立っている生命体の働き。＊4心意識……思慮分別する心。＊5覚知・覚了……分別判断のこと。またその働き。

〈仏性という言葉を聞いて、仏道を学ぶ者の多くは先尼外道が主張する「我」のように誤って考える。そのように考えるのは、正しい道理を得た人に会わず、本来の自分自身にも会わず、正師《しょうし》と出会わなかったからである。なんとなく、生命あるものの心の働きを仏性の知覚・認識作用であると思っている。だれが言ったのだ、仏性に知覚・認識作用があると。たとえ諸仏が覚者であり知者であるといっても、仏性は知覚・認識作用ではないのである〉

とあります。ここでは、仏性は、私たちの身体のなかに実体としてあるもの、いわゆる霊魂のようなものではないと言い、私たちがみな持っている思慮分別の心ではないとしています。私たちの身体のなかに何か霊魂のようなものがあり、その霊魂のようなものがものごとを知覚したり認識したり判断したりしている、それを仏性というのだ、という考え方を道元禅師は批判しています。

私たちの身体のなかに仏性というものが実体として存在するというような考えについても、つぎのように批判しています。

ある一類おもはく、仏性は草木の種子《しゅうじ》のごとし。法雨のうるほひしきりにうるほすとき、芽茎生長《がきょうしょうちょう》し、枝葉華果《しようけか》、もすことあり、果実さらに種子をはらめり。かくのごとく見解《けんげ》する、凡夫の情量なり。（『正法眼蔵』「仏性」）

〈ある一部の人たちは、仏性についてつぎのように考えている。「仏性は、草木の種子のようなものである。雨が降って大地が大いに潤されると、芽や茎が生長して、枝葉が茂り、花が咲き果実が実る。そしてその果実がまた種をはらむことになる」と。このような理解は、凡夫の妄想分別である〉

仏性を草木の種子のように思ってはいけないというのです。内なる種子という「因」（原因）によって果実という外なる「果」（結果）が生ずるかのように仏性を理解してはならないとしています。仏性は内と外の問題ではないというのです。つぎに、そのような仏性がどのように現れるのか、その現れ方についてはつぎのように言っています。

時節若至《じせつにゃくし》[*1]の道を、古今のやから往往におもはく、仏性の現前する時節の向後《こうご》にあらんずるをまつなりとおもへり。かくのごとく修行しゆくところに、自然《じねん》に仏性現前の時節にあふ。時節いたらざれば、参師問法《もんぽう》[*2]するにも、弁道功夫《べんどうくふう》[*3]するにも、現前せずといふ。恁麼《いんも》見取して、いたづらに紅塵《こうじん》*4にかへり、むなしく雲漢《うんかん》*5をまぼる。かくのごとくのたぐひ、おそらくは天然外道《てんねんげどう》*6の流類《るるい》なり。（『正法眼蔵』「仏性」）

＊1時節若至……「時節若《も》し至れば」と読み、適当な時期になればの意であるが、道元禅師は、「今しか修行のときはなく、修行のところに仏性が現れている」とする立場からこの言葉に特殊な解釈を加えている。＊2参師問法……師匠に参じて法を問う。指導者について教えを学ぶこと。＊3弁道功夫……弁道は、仏道を勤めること。功夫は修行に精進することで、具体的には坐禅のこと。＊4紅塵……俗世間。＊5雲漢……天の川、大空。＊6天然外道……われわれは天然（生まれつき）完成されているので修行の必要はないとする異端邪説。

〈「時節若至（時節もし至れば）」という言葉を、昔の人も今の人も往々にしてつぎのように思っている。「仏性が目前に現れるときが将来にあるだろうと待つのである」と。そして「そのように修行してゆくと自然に仏性が目前に現れる時が来る。そのような時節が来なければ、参師問法しても、弁道功夫しても、仏性は目前に現れない」と言う。このように考えて、いたずらに俗世間に戻り、むなしく大空を眺めている。このようなたぐいは、おそらく

〈天然外道の輩《やから》である〉

通常は、修行しているうちに、しだいに練り上げられていって、いずれ仏性が内から外に現れるように考えますが、そうではないのです。では、どうなのかといえば、仏性は参師問法や弁道功夫のところに、すでに現れているというのです。

時節若至《にゃくし》といふは、すでに時節いたれり、……若至は既至《きし》といはんがごとし。時節若至すれば、仏性不至《ふし》なり。しかあればすなはち、時節すでにいたれば、これ仏性の現前なり。あるいは其理《ごり》自彰《じしょう》なり。おほよそ、時節の若至せざる時節いまだあらず、仏性の現前せざる仏性あらざるなり。（『正法眼蔵』「仏性」）

〈「時節若至」というのは、すでに時節は至っているということである、……「若至」（もし至れば）というのは「既至」（すでに至っている）というのと同じである。時節がもし至ればなどと言っていたら、仏性は決して至らないのである。そういうわけであるから、時節がすでに至っているのであるから、仏性が目前に現れているのである。いや、その道理はおのずから明らかなのである。だいたい、（仏性現前の）時節が至らない時節というのはいま

だないのであり、仏性が目前に現れない仏性もないのである〉

仏教の一般的な考え方では、修行の功徳が熟すと内なる仏性（仏の本質）が現れるとされ、確かにそのように言うこともできるのですが、道元禅師は、修行（参師問法・弁道功夫）の時節を仏性が現前している時節であるとするのです。修行してゆくと、いつか仏性が現れるときがある、と考えるのは誤りである……、そして、今がまさに修行の時節であり、そう思って修行すれば、すでに仏性は現れているではないかと言われるのです。

性善説か性悪説か

人間の本性は善か悪かという議論があります。いわゆる性善説と性悪説です。

中国の思想家の孟子《もうし》（前三七二頃〜前二八九頃）は、人間に内在する天の意思を人間の本性と考え、ゆえに人間の本性は善であるとする性善説を唱え、これに対して荀《じゅん》子《し》（前二九八？〜前二三五頃）は、人間の本性を悪とし、「礼」（中国の伝統的な儀礼・制度）の実践を強調して「礼」による善の実現を説きました。

しかし道元禅師によれば、人間の本性は、善でも悪でもないのです。善を行えば善、悪を行えば悪、ということになります。本来、善であるとか、本来、悪であるとかいう本性を内に持っているということではないのです。仏のように生きれば仏、よって坐禅《ざぜん》するところにすでに仏の姿が現れている、仏性が現れているのです。それに対して、欲望のままに生きれば凡夫、そこは迷いの存在であるわけです。

ゆえに道元禅師は、努めて仏をまね、仏の教えにしたがって生きることの重要さを示しています。そこに仏性が現れるのです。目覚めて生きれば仏、欲望に迷って生きれば凡夫であるのです。

仏性とは「ほとけ性」

道元禅師は、日常生活の営みにおけるひとつひとつの作法の重要性を示しています。そこに仏性が現れるからです。たとえば、身体を清めるということを大切にします。

身心《しんじん》これ不染汚《ふぜんな》なれども、浄身の法あり、浄心の法あり。ただ身心をきよむるのみにあらず、国土樹下《じゅげ》をもきよむるなり。国土いまだかつて塵穢《じんえ》あらざれども、きよむるは諸仏之所護念なり。仏果にいたりてなほ退せず、廃せざるなり。その宗旨、はかりつくすべきことかたし。作法これ宗旨なり、得道これ作法なり。

（『正法眼蔵』「洗浄《せんじょう》」）

〈身や心はもともと汚れているわけではないけれども、身を浄《きよ》める、心を浄める方法がある。ただ身や心を浄めるだけではなく、国土樹下（仏が菩提《ぼだい》を成就し、成道したというその樹の下）をも浄めるのである。国土にもいまだかつて塵や穢《けが》れはないけれども、浄めることは諸仏の護念するところである。仏果（修行の到達点）に至っても、なお怠けず、やめることはないのである。その宗旨は、はかり尽くすことがむずかしい。作法が宗旨であり、得道はすなわち作法によるのである〉

身心を清らかに保つということは、仏道において大切なことであると道元禅師は言います。これは私たちの身心が汚れているから清めるというのではなく、仏祖の行われてきた道であるから清めるのであると言うのです。そして清めるということは、単に自らの身心を清めるのみならず、「国土樹下をも清める」（これもいまだかつて塵《ちり》や汚れはないけれども清める）ことであると説きます。

また、道元禅師は食事作法についても、厳しく戒めています。

飯食《はんじき》を喫《きっ》せんに、上《じょう》も下《げ》も太《はなはだ》しく急《いそ》ぎ太しく緩《おそ》からしむること莫《なか》れ。……身を揺《ゆす》り膝を捉え、踞坐《きょざ》し、欠伸《けんしん》し、及び鼻を摘みて声を作すことを得ず。如《も》し嚔噴《ていふん》せんと欲《ほっ》せば、当《まさ》に鼻を掩《おお》うべし。如し牙《は》を挑《くじ》らんと欲せば、須《すべから》く当に口を掩《おお》うべし。……食《じき》を含みて言語《げんご》することを得ず。（『赴粥飯法《ふしゅくはんぽう》』原漢文）

〈ご飯をいただくときには、あわてて荒々しく食べてはいけない。（中略）身体を揺すったり膝《ひざ》を抱えたり、のびをしたり、鼻をかんで声を出したりしてはいけない。くしゃみをするときは鼻を覆いなさい。楊枝《ようじ》を使うときは口を覆いなさい。（中略）口のなかに物を入れてしゃべってはいけない〉

など、細かな注意を述べています。また、便所での細かな作法も示していますし、さらに、

両辺をけがすことなかれ、前後にそましむることなかれ。このあひだ黙然《もくねん》なるべし。隔壁《きやくへき》と語笑《ごしよう》し、声をあげて吟詠《ぎんえい》することなかれ。涕唾《ていだ》狼藉《ろうぜき》なることなかれ、怒気《どき》卒暴《そつぼう》なることなかれ。壁面に字をかくべからず。（『正法眼蔵』「洗浄」）

〈便器の周辺を汚してはいけない。用をたすときは、しゃべってはいけない。隣の人としゃべったり、笑ったり、声を上げて歌ったりしてはいけない。鼻

汁やつばを吐いてやかましくしたり、乱暴な振る舞いをしてはいけない。壁に落書きをしてはいけない〉

などの注意も述べています。

このように道元禅師は、日常生活におけるひとつひとつの行いについて注意を促しています。この威儀(みだしなみ)や作法の強調は、いわゆる形式主義ではありません。自身の内面のあり方は、必ず外面に現れるのであり、外面に現れた生き方がなおざりであれば、内面についても真偽を問われるのです。

仏性とか、仏道とか、修行とかいいますと、堅苦しくなりますが、一般の生活において大切なことは、日常生活のひとつひとつの行いを大切に、真剣に、一生懸命に行うことであろうと思われます。

「修行」のもともとの意味は「反復すること」「繰り返すこと」です。同じことを繰り返すのです。毎日毎日、同じことを繰り返して生きる、これが修行であり、人生です。食べる、排泄《はいせつ》する、働く、寝る、その繰り返しです。

そんな平凡な、刺激のない生活はつまらないと言われるかもしれませんが、それが足りていることが平和ということではないでしょうか。

生命の営みは、食べて、活動して、排泄して、寝る、それぞれのなかに喜びを感じ、それに飽きることがないようにできています。我々は、飽きもせず、毎日食べます。排泄します。何らかの活動をします。そして眠ります。その繰り返しこそ、実は安楽なのです。

そのことに気づいて、そのような生活に感謝しながら、それぞれのことを真剣に行うことが、まさに仏の生き方でもあるのです。

朝起きて、顔を洗って食事して、排泄をして、満員電車に乗って、会社に行く。そして、毎日同じことをして働いて、家に帰って寝る。あるいは、朝起きて、子どもを起こして、弁当を作って、食事を作って、食事をして、買い物に行って……おさんどんをして、というように……何十年もその繰り返しが続くのです。それをじっとやりつづけることが人生です。それ以外に人生はないのです。

そのような生命の営みのなかで、食事なら食事、洗面なら洗面、排泄なら排泄、という日常生活のひとつひとつの行いを、大切に行いなさいというのが、道元禅師の教えです。

修行というと、何か特別なことをすることのように思いますが、そうではありません。あたりまえのことを、あたりまえに、大切に行っていくこと、その繰り返しが修行です。そこに仏性が現れているのです。

私は、仏性とは「ほとけ性」である、と受けとっています。私たちの内に、本来の性質として仏の性質があるというのではなく、仏の教えにしたがって正しく生きれば、そこに「ほとけ性」が現れてくる、つまり仏性とは、「性質」ではなく「あり方」であると言えます。

第20章　道元禅と現代――道元禅師の教えの現代的意義

坐禅を現代に生かす――「厳しい坐禅」と「安楽の坐禅」

これまで、道元《どうげん》禅師の生涯とその教えについて述べてまいりましたが、それでは、そこから、現代に生きる私たちが何を学ぶべきであるのか、道元禅師の教えの現代的意義について考えてみます。

道元禅師が単に約八百年前に存在した遠い過去の人物であり、今の我々に関わらないならば、このようなテーマを設ける必要はありませんが、八百年程前の教えとはいえ、決して古くさいものではなく、現代を生きる私たちが大いに生かすべきであると思われるよりよく生きる智慧《ちえ》がたくさん説かれているのです。

これまでの内容と重なる部分もありますが、ここでは現代を生きる私たちとの関わりに焦点をあててお話しいたします。

まず、道元禅師の仏法で生かすべきであるのは、何といっても坐禅《ざぜん》でしょう。坐禅の行と、坐禅の精神に基づく生き方、これを生かすべきです。

ところで坐禅には、「厳しい坐禅」と「安楽の坐禅」があると言えます。まず「厳しい坐禅」についての道元禅師の言葉を挙げてみます。

奘問《テ》云《ク》、若《もシ》然《しからば》、何事いかなる行か、仏法に専ら好み修《ス》べき。

師云《ク》、機《き》に随《したがい》、根《こん》に随《したがう》べしと云へども、今祖席《そせき》に相伝して専《もっぱらす》る処は坐禅也。此の行、能衆機《よくしゅき》を兼《かね》、上中下根等《ひとしく》修し得べき法也。我《われ》大宋天童先師の会下《えか》にして、此道理を聞て後、昼夜定坐《じょうざ》して、極熱極寒には発病しつべしとて、諸僧暫《しばら》く、放下《ほうげ》しき。我其時自《みずから》思はく、直饒《たとい》発病して死《ス》べくとも、猶只是《なおただこれ》を修《ス》べし。不レ病《マ》して修せずんば、此身労しても何の用ぞ。病《やまい》して死なば本意也。大宋国の善知識の会にて修し死《シ》て、よき僧にさばくられたらん、先づ結縁也。日本にて死なば、是ほどの人人に、如法仏家の儀式にて沙汰すべからず。修行して未《ダ》レ契《かなわ》先きに死せば、好結縁《けちえん》として生を仏家にも受べし、修行せずして身を久《ひさし》く持《たもち》ても無レ詮《キ》也。何の用ぞ。況や身を全くし、病不《じ》レ作《おこさ》と思ふ程に、不レ知《ラ》、又海にも入《いり》、横死にも逢はん時は、後悔如何。如レ是《クノ》案じつづけて、思切て昼夜端坐せしに、一切病不レ作《おこら》。如今《いま》各各も、一向に思切て修して見よ、十人は十人ながら可《キ》二得道《ス》一也。先師天童のすすめ、如レ是《シノ》。

（『正法眼蔵随聞記《しょうぼうげんぞうずいもんき》』巻二）

〈懐奘が質問して言った、「もしそうであるなら、どのような事、どのような行を、仏法においては専ら修行するべきでしょうか。」

道元禅師は言われた、「それぞれの能力に随い、素質に随って行うべきであるけれども、ここに私が中国の如浄禅師より伝受した仏法において専らつとめるべき行は坐禅である。この行（坐禅）は、どんな人でも行うことができ、能力の優劣の区別なく、皆が平等に修行することのできる修行法である。

私は、大宋国（大いなる宋の国）の天童山景徳寺の住職であった先師（亡くなった師匠）のもとで、この道理（ただひたすら坐禅を行いなさいという教え）を聞いてのち、昼夜に坐禅した。極熱極寒の時には発病してしまうだろうと言って、多くの僧侶はしばらくの間、坐禅をやめてしまったが、私はその時に思った、「たとえ発病して死ぬようなことがあっても、ただひたすら坐禅修行をしよう。病気でもないのに修行しなかったら、この身体をいたわっても何の意味があるだろう。坐禅して病気になって死ぬのなら本望だ。大宋国の善知識（すばらしい指導者）の道場で修行して死に、優れた僧侶達に弔ってもらうことが出来たならば、来世において悟りを開くよい縁となる。日本で死んだならば、これほどの人々に、正式な仏教の儀式で弔ってはもらえない。修行して未だ悟りを得る前に死んでも、よいご縁を受けて来世は仏の家に生まれることができるであろう。修行しないで長生きしても意味はない。何になろう。まして、身体を大切にして病気にならないようにと思っても、航海の途中で海に投げ出されたり、不慮の災難に逢って死ぬようなことがあればどれほど後悔するであろう。このように考え続けて、思い切って昼夜に端坐したが、いっさい病気にもならなかった。いま皆さんも、ひたすら、そのように思って坐禅を行じてみなさい。十人は十人ながら道を得るはずである。先師天童の勧めはこのようであった〉

ここには、中国の天童山《てんどうざん》の如浄禅師《にょじょうぜんじ》のもと、昼夜にわたる徹底した坐禅が行われていたことが知られます。夏の非常に暑いときや、厳しい寒さの冬には、中国の多くの修行僧たちは〝病気になってしまう〟と坐禅をしばらくの間やめてしまったが、道元禅師は「坐禅して病気になって死ぬのなら本望だ」と思って坐禅したとあります。それも夜昼なく坐禅したというのです。同様の話はほかにもあります。

我大宋天童禅院に居《きょ》せし時、浄老住持[*1]の時は、宵《よい》は二更の三点[*2]まで坐禅し、暁《あかつき》は四更の二点三点[*2]よりおきて坐禅す。長老[*1]ともに僧堂裏に坐す、一夜も闕怠《けったい》なし。其間《そのあいだ》衆僧多く眠る。長老巡り行《ゆい》て、睡眠する僧をば、或は拳《こぶし》を以て打《うち》、或はくつをぬいで打恥《うちはじ》しめ、勧《すす》めて覚睡《ねむりをさます》。（『正法眼蔵随聞記』巻三）

＊1浄老・長老……如浄禅師のこと。＊2二更の三点～四更の二点三点……更・点は、時刻を表した語。日暮れより夜明けまでを五分して五更とし、一更を五分して五点とし、これによって鼓と木版（鐘）を鳴らして時を知らせた。季節により異なるので時刻は定められないが、二更の三点は午後十時半ころ、四更の二点三点は午前二時前後と思われる。

〈私は宋の国の天童山の禅寺にいたとき、如浄禅師が住職をしていたときは、夜は午後十時半頃まで坐禅し、朝は午前二時頃から起きて坐禅した。如浄禅師も修行僧とともに坐禅堂で坐禅をし、一夜も欠かしたことがなかった。その間に多くの修行僧たちはたいてい眠っていた。如浄禅師は堂内を巡り歩いて眠っている修行僧を、こぶしでたたいたり、くつを脱いで打って眠ることを恥ずかしいと思わせ、励まして眠りを覚ました〉

朝は二時頃から起きて坐禅し、夜の十時半頃まで坐禅をしたというのです。睡眠も横になってとらず、「坐睡」といって、あごの下につっかえ棒をして坐禅のまま眠るということもあったようです。当然、食事や排泄《はいせつ》はしたわけですが、ほとんどの時間を坐禅をして費やしたようです。睡魔と闘いながら自分を励まして坐禅をする、という「厳しい坐禅」のようすがうかがわれます。

示云、大慧禅師、或時尻に腫物《しゅもつ》を出す。医師是を見て、「大事の物也」と云。慧云、「大事の物ならば死すべしや」。医云、「ほとんどあやふかるべし」。慧云、「若《もし》死ぬべくは、弥《いよいよ》坐禅すべし」と云て、猶強盛《ごうじょう》に坐したりしかば、かの腫物うみつぶれて、別の事なかりき。古人の心如是。病を受ては弥坐禅せし也。今の人の病なからん、坐禅ゆるくすべからず。（『正法眼蔵随聞記』巻六）

〈道元禅師が教えて言われた。「大慧《だいえ》禅師《ぜんじ》（宗杲《そうこう》）のお尻《しり》に、あるとき、はれものができた。医師の言うには、『悪性のものである』と。大慧が、『悪性のものなら死ぬのだろうか』と言うと、医師は、『かなり危ないだろう』と。そこで大慧は、『もし死ぬのであるならば、ますます坐禅をしよう』と言って、いっそう激しく坐禅を行ったところ、その腫物はうみつぶれて何ごともなかった。古人の心はこのようである。病に冒されてもますます坐禅したのである。今の人も病気でもないのに坐禅を緩めてはならない。……」と〉

これも「厳しい坐禅」です。坐禅はこのように強い意志をもって行うものであり、このような坐禅が修行者には必要なのです。それはつぎに示されるように、「大事」を明らかにし、自分自身を徹底的に見つめ、「心」とは何かを明らかにするためでもあったと思われます。

只管打坐して大事*を明め、心ノ理を明めなば、後には一字を不知とも、他に開示せんに用ひ不可尽。（『正法眼蔵随聞記』巻三）

*大事……「一生参学の大事」のこと。仏教の極意、仏道の真意。

〈ただひたすら坐禅に打ちこむことによって仏道の何たるかを明らかにし、心の道理とは何かを明らかにしたならば、その後は経典や語録の一文字も知らなくても、他人に説き示すのに言葉を用い尽くせないほどである（自由自在に説き示すことができる）〉

「大事」を明らかにするというのは、仏の道を歩むことの意味を明らかにすることであると私は受けとっておりますが、そのために厳しい坐禅に励んだのであると思われます。そして、「大事」を明らかにしてのち、なぜか、そこで坐禅をやめるのではなく、如浄禅師も道元禅師も、ますます坐禅に親しまれたのです。そこにおいて説かれるのが次の「安楽の坐禅」です。

いわゆる坐禅は習禅[*1]には非ず。唯是《ただこ》れ安楽の法門[*2]なり。（『普勧坐禅儀《ふかんざぜんぎ》』）

＊1習禅……種々の観念を修しながら学習する禅。悟るために坐禅を行ずる禅。

＊2安楽の法門……苦行ではなく、安らかで心喜ばしい仏法の門。ここでは悟りの行としての坐禅をいう。

〈言うところの正伝《しょうでん》の仏法における坐禅は習禅ではない。ただこれは安楽の法門である〉

ここで説かれる「安楽の法門」の意味は、必ずしも文字どおりに単純に「安らかで楽な坐禅」という意味ではないかもしれませんが、身体をととのえ、呼吸をととのえて、心が静まり、身も心も仏に任せて、仏の姿をまねてすわってみると、何とも言われぬ平安に包まれます。このような坐禅の境涯を、ぜひ、一般の日常生活に生かしたいものです。

日常生活において、ちょっと日常を離れて、ゆったりと静かにすわってみる。そして自分自身を振り返ってみる。そのような時間をもつことが現代の私たちには必要なことであると思います。

私たちの社会は、もっと、もっと、とみんなが競争している社会、他人と比べて喜んだり悲しんだりしている社会……名声のある会社、大学、高い給料、出世……そういうものを求めて、それらを得ることが幸せだと思って、体を壊しながら必死で頑張っている社会のように思われます。そのような社会の日常から、ちょっと離れて、静かにすわって自分を振り返ってみる。〝これでいいのか〟と考えてみる。そういう時間をもちたいものです。

がむしゃらに前に進むのではなく、ちょっと立ち止まって、足元を見てみる。初心に戻って考えてみる。自分の立場を見つめてみる。……禅で言えば、それが「本来の面目」に立ち返ってみるということです。坐禅で言えば、前にも後ろにも右にも左にも傾かず、かたよっていないことであり、その姿勢が最もよいのであり、すべての基本なのです。

今、激動の時期だからこそ、生きるということの意義を振り返る時間をもちたいものです。

無我・利生の生き方

第二に、現代に生かすべきであるのは「無我・利生《りしょう》の生き方」です。これについては、「自己を習う」のところでも述べましたが、まず「無我」、つまり吾我（エゴの心・小さな自己）を離れることが大切です。吾我を離れることによって、大宇宙を自己として生きることができるのです。本来、私のものなど何もないと気づいたとき、物に対する執着はなくなり、かえって全宇宙が自分のものとなる、つまり、小さな自己を捨てたとき、大きな自己が現れるのです。

そして、おれが、おれが、の思いを捨てて小さな自己を忘れ、大きな自己となったとき、つぎの「利生の事」——他のために善いことをする生き方——が出てきます。

つぎの道元禅師の言葉は、よくよく味わうべき言葉であると思います。

世人を見るに、果報もよく、家をも起す人は、皆正直に、人の為にもよき也。故に家をも持《たもち》、子孫までも不絶也《たえざるなり》。心に曲節あり、人の為にあしき人は、たとひ一旦《いったん》は果報もよく、家をたもてる様なれども、始終あしき也。縦《たと》ひ又一期《いちご》はよくてすぐせども、子孫未必吉也《いまだかならずしもよからざるなり》。

又為人善事《ひとのためによきこと》を為《な》して、彼主《かのぬし》に善《よ》し被思《おもわれ》、被悦《よろこばれん》と思《おもう》てするは、比於悪勝《あしきにひすればすぐれ》たれども、猶是《なおこれ》は思自身《じしんをおもうて》、為人非実善也《ひとのためにじつによきにはあらざるなり》。主《ぬし》には不被知《しられず》とも、人の為にうしろやすく、乃至《ないし》未来の事、為誰不思《たれがためとおもわざれ》ども、為人《ひとのために》よからん料《ばかりの》事を作置《なしおき》なんどするを、真《まこと》に為人善《ひとのためによ》きとは云也《いうなり》。

況《いわん》や衲僧《のうそう》は、是《これ》には超《こえ》たる心を可持也《もつべきなり》。衆生を思ふ事、親疎《しんそ》をわかたず、平等に済度の心を存《そん》し、世出世間ノ利益、都《すべ》て不憶自利《じりをおもわず》、不被人知《ひとにしられず》、不主被悦《ぬしによろこばれず》、唯《た》だ為人《ひとのために》善き事を心の中になして、我は如是《かくのごとくの》心もちたると人に不被知也《しられざるなり》。

此の故実《こじつ》は、先《ま》づ須棄世捨身也《すべからくよをすててみをすつべきなり》。我身《わがみ》をだにも真実に捨離《しゃりシ》つれば、人に善く被思《おもわれん》と云《いう》心は無き也。然《しかれ》ども又、人は何《いか》にも思はば思へとて、悪《あし》き事を行じ、放逸《ほういつ》ならんは、又背仏意《ぶついにそむく》。唯行好事《ただよきことをぎょうじ》、為人《ひとのために》やすき事をなして、代《かわり》を思《おもう》に、我《わが》よき名を留めんと不思《おもわずして》、真実無所得にて、利生の事をなす、即離吾我《すなわちごがをはなるる》第一の用心也。

欲存此心《このこころをそんせんとおもわば》、先づ須念無常《すべからくむじょうをおもうべし》。一期《いちご》は如夢《ゆめのごとし》、光陰易移《うつりやすく》、露の命は待《まち》がたうして、明《あく》るを知らぬならひなれば、唯暫《しばらく》も存《そん》したる程、聊《いささか》の事につけても、人の為によく、仏意に順《したが》はんと思《おもう》べき也。

（『正法眼蔵随聞記』巻四）

〈世間の人を見ると、幸せに恵まれ、家を繁栄させるような人はみな、心が正直であって、人のためによいことを行っている人である。だから、家を無事に保ち子孫までも栄える。心が曲がっていて人のために悪事を行う人は、たとえ一時は幸せに恵まれ家が栄えるようであっても、結局は悪くなる。たとえまた、一代は無事に過ごせても子孫は必ずしもめでたいとは限らない。

また、人のためによいことをして、相手からよい人だと思われ、喜ばれたいと思ってすることは、悪事をすることに比べれば、勝っているようだけれども、しょせんこれは自分のことをよく思われようと人のためにしているのであって、他人のために本当によいことをしているのではない。

相手には知られなくても、よいことを行って、また、将来のために、誰のためというのでもなく、人のためによいことをしておこうとする人を、真の善人というのである。

まして僧侶は、これに超えた心を持つべきである。衆生を思うのに、親しいとか親しくないとか分け隔てすることなく、平等に救済の心をもち、世間や出世間の利益についても、決して自分の利益を考えず、人に知られたり喜ばれたりすることがなくても、ただ、人のためによいことをと心の中で思い、「私は、このような心を持っている」とも人に知られないようにするのがよいのである。

そのためには、まず世を捨て身を捨てなければならない。自分自身の身までも本当に捨ててしまえば、人によく思われようという心はなくなる。自分を捨てるといっても、人はどう思うが、思うまいがと言って悪いことを行い、勝手気ままに生きるのは、また仏の意に背くのである。ただ、人のためによいことを行い、その代償を求めたり、名声を残そうと思わずに、本当に所得なく「利生の事」をするのが、吾我（エゴ）を離れる第一の心得である。この心を得ようと思うなら、まず世の無常を思うべきである。一生は夢のようなものである。光陰矢のごとしである。命は露のようにはかなく消えてしまい、明日があるかもわからない。そういう定めであるならば、ただ、しばらくの間生きているうちに、些細《ささい》なことであっても、人のためによいことをして、仏の意にしたがおうと思うべきである〉

道元禅師が教える修行が、悟りを求めず、ただひたすら行う修行であるように、一般社会においても、報酬を求めずただひたすらよいことを実践する……。人によく思われたいとか、自分はいいことをしているのだとか、そのような思いをもつことなく、淡々とさわやかに他人のためによいことを行う。これが「利生の事」です。世の中に、これほどすばらしい行いはありません。ただし、「これほどすばらしい行いはない」などと思ってもいけないのですが……。

これが、「有為《うい》」（迷い）の社会にあって「無為《むい》」（悟り）の行いをするということなのです。この無上の行いを実践していれば、必ず人生はよい方向に向かっていくはずです。

しかしながら、最初からこのような「無我・利生の事」を行うことは容易ではありません。まずは、とにかく努めて悪事をなさず、よいことをすることが大切でしょう。よいこととは何か。たとえば道元禅師は、『正法眼蔵』「菩提薩埵《ぼだいさった》四摂法《ししょうぼう》」の巻において、布施・愛語・利行・同事という四つの菩薩行を示されています。これを解説すれば、

布施……むさぼらないこと。財（金品）でも法（教え）でも惜しみなく施すこと。
愛語……慈愛（慈しみ）の心を起こし、慈しみの言葉をかけること。
利行……親疎にかかわらず、あらゆる人々に同様に利益を与える行いをすること。
同事……自他を隔てず、自分を大切にするように他人を大切にすること。

ということになるでしょうか。そして、この巻の末尾に次のように説かれています。

ただまさに、やはらかなる容顔をもて一切にむかふべし。

〈ともかく、なごやかな顔つきで、あらゆることに接することが大切であ

る〉

私はこの言葉に、道元禅師のやさしいお人柄と、大いなる慈悲の心を感じます。すべての人間がこのようになったとき、まさに私たちの現実の世界が仏国土（仏の世界）になることでしょう。

無所得の生き方

第三に、現代に生かすべきであるのは「無所得の生き方」です。このことは、「無所得・無所求・無所悟」のところでお話しいたしました。

道元禅師は、「仏の道に入ったならば、ただ仏法のためにいろいろな修行をして、その代償に何か所得があるだろうと思ってはいけない」と戒めています。また、善行を行っても、〝いい人だと思われたい〟というような下心をもってはいけないと教え、よいことを、無心にさわやかに行えと言います。この実践は、現代を生きる我々にも大切ではないでしょうか。

我々は、大なり小なり、何かを求めて生きています。目的をもって生きています。たとえば、会社に行って働くのは、給料を得るため、それによって生活するためです。それは当然のことであって、それでいいわけですが、同じ働くのなら、昇進するため、昇給を願って、というよりも、そのような思惑を離れて、無心に、さわやかに、一生懸命に仕事に務める方がよいということです。昇進や昇給は、その働きに応じて自然に付いてくるものだとも言えます。〝金のために仕事をする〟〝昇進のために仕事をする〟のではなく、ただ〝仕事のために〟仕事をする。これが、道元禅師が、「仏道のために、仏道を行ずる」と示していることの、一般社会的な実践と言えるのです。

また、「この会社はおれで保《も》っている」とか「おれの力でここまでにした」とか「もっとみんなから感謝されてもよいものだ」とかと、能力のある人ほど思いがちですが、禅において、さとりを誇ることが戒められるように、一般社会においても、自らの能力をやたらに誇ることは、周囲によい気持ちを抱かせません。

道元禅師は、『正法眼蔵』「現成公案《げんじょうこうあん》」の巻で、

諸仏のまさしく諸仏なるときは、自己は諸仏なりと覚知することをもちゐず。

しかあれども證仏なり、仏を證しもてゆく。

〈仏がほんとうに仏であるときは、自分が仏であるなどという意識はない。

しかし悟った仏であるから、知らずとも仏のあり方がにじみ出るのである〉

と示しています。本当の仏は、「私は仏である」とか「私は悟った」などということは言わない。しかし、仏なのであるから、自然と仏らしさが行動や言葉の中に現れてゆくというのです。

すべての生活のうえで、一緒に仕事をしたり、食事をしたり、語らったりするときに、その場の雰囲気を明るくし、人の心をなごませる、そのようなあり方が仏、すなわちさとったもののあり方です。そのような自分になれるよう実践すること、それがまた修行であり悟りでもあるのでしょう。

他人に不快感を与え、感じが悪いと思われたりするようではいけません。また、豪放磊落《らいらく》であるのが、さとりを開いた人のあり方であるなどと心得違いをしている人がいますが、ときに仏はそのような働きを示すこともありますが、仏とはむしろ、あたりまえのあり方をしているものなのです。

仏となる、さとりを得るということは、何も特別な者になるのではありません。超能力を得ることでも、スーパーマンになることでも、光り輝くようなものを得ることでもありません。さとってみれば結局「あたりまえ」の人間になるだけです。しかし、あたりまえの素晴らしさを身にしみて感じ取ったとき、あたりまえがあたりまえではないと感じるのです。あたりまえでありながら、身も心も光り輝くのです。ただし、これがまた、そうたやすいことではありません。

さて、己を忘れて仏に任せて生きていると、自然と仏になっていて、自分はそう思わなくても、仏としてのあり方が自然と現れている、と道元禅師は言います。よいことを行っていれば、そう思われようと思わなくとも、いい人と言われます。一流の人であれば、一流の人と言われようと思わなくとも一流の人と言われます。世間の眼というものは、意外と確かなものです。

代償を求める心は見抜かれるものであり、人によい思いは抱かせません。また、代償を得ようと思う心が強いと、長い目で見た場合、かえってその目的を達するための妨げともなるものです。

道元禅師が教える「無所得の生き方」は、一般社会においても生かすべき生き方です。

自然と共に生きる

第四に、現代に生かすべきであるのは、「自然と共に生きる」ということです。そのためには、あらゆるものに、かけがえのない〝いのち〟を認めるということが大切です。

私たちが、空気や水や大地など私たちをとりまく環境を大切にしなければならないと思うのは、これらを汚染すれば結局は人間に害が及ぶと考えるからでもあります。

しかし、それではあまりに自分勝手であり、人間中心的な考え方でしょう。そのような視点からではなく、あらゆるものに〝いのち〟があるから、これを尊び大切にしなくてはならないと道元禅師は教えています。

而今《にこん》の山水《さんすい》は、古仏《こぶつ》の道現成《どうげんじょう》なり。（『正法眼蔵』「山水経《さんすいきょう》」）

〈今ここにある大自然は、仏の修行している相であり、仏の説法している声である〉

峯《みね》の色《いろ》　谷《たに》の響《ひびき》も　皆《みな》ながら、吾《わ》が釈迦牟尼《しゃかむに》の　声《こえ》と姿《すがた》と（『道元禅師和歌』）

〈山々の色合いも、谷川の響きも、みなお釈迦さまの声であり姿である〉

道元禅師は、自然を単なる自然としてではなく、仏の姿として、仏の説法の声として受け止めています。そして大自然を「仏そのもの」として大切にされたことがわかります。また、一滴の中にも無量の仏国土現成なり。

（『正法眼蔵』「山水経」）

〈一滴の水の中にも無量（無限・多量）の仏の国がある〉

と示しています。

私たちの肉体のなかに住む微生物は、私たちの身体を住処《すみか》とし、私たちの身体を世界としています。同様に、私たちのこの宇宙は、何か大きな存在のほんの一部かもしれないなどと思ったりもします。道元禅師のこの説示は、一滴の水の大切さを、このような表現で示したものであるとも考えられますが、さらに道元禅師には、次の言葉があります。

世界に水ありといふのみにあらず、水界に世界あり、水中のかくのごとくあるのみにあらず。雲中にも有情世界あり、風中にも有情世界あり、火中にも有情世界あり、地中にも有情世界あり、法界《ほっかい》中にも有情世界あり、一茎草《いっきょうそう》中にも有情世界あり、一拄杖《しゅじょう》中にも有情世界あり。有情世界あるがごときは、そのところかならず仏祖世界あり。かくのごとくの道理よくよく参学すべし。

（『正法眼蔵』「山水経」）

〈世界に水があるというだけではない。水の世界にも世界がある。水のなかがこのようであるだけではない。雲のなかにも有情世界《うじょうせかい》（衆生の世界）がある。風のなかにも、火のなかにも、地中にも、法界のなかにも、一本の草のなかにも、一本の杖のなかにも有情世界がある。有情世界があるところには、必ず仏祖世界がある。このような道理をよくよく参禅して学ぶべきである〉

有情とは、いのち（生命）あるものであり、こころを有するものの意味です。水や雲や風や火や土のなかにも、そして一本の草のなかにも、一本の杖《つえ》のなかにも有情世界があるというのです。つまり、あらゆるものがこころをもっている、あらゆるものにいのちがあるということになります。この道元禅師の説示を私たちはどのように受け止めたらいいのでしょうか。

私たちが、空気や水や大地など私たちをとりまく環境を大切にしなければならないと思うのは、これらを汚染すれば結局は人間に害が及ぶと考えるからでしょうか。それではあまりに自分勝手です。そのような人間中心的な視点からではなく、この道元禅師の言葉から、あらゆるものにいのちがあり、こころがあるからこそ、これを尊び大切にしなくてはならないと学ぶ必要があると思うのです。

「もったいない」という言葉があります。最近はあまり言われなくなりました。この言葉は「物の本体を失する」という意味で、「神仏などに対して不届きであること」や、「おそれおおい」「ありがたい」あるいは「そのものの値打ちが生かされずむだになるのが惜しい」などの意味でもちいられます。「……むだになるのが惜しい」という意味での「もったいない」という言葉は、たいがいの場合、道徳的にもちいられます。

それはそれで結構なことですが、この道元禅師の説示によれば、あらゆるものに有情世界があるから（つまり、有情とは、いのちあるものであり、こころを有するものであるから、あらゆるものがこころをもっているということになりますが）、あらゆるものにいのちがありこころがあるから、これを尊び大切にしなければならないということになるのです。

あらゆるものを大切にするのは、損得勘定からではなく、いのちを尊ぶことからであり、「もったいない」という言葉は、かつてはそのような意味でもちいられていたと思われるのです。

ところで、いのちとは何か、こころとは何か。驚くべきことに、現代科学においても、有機物と無機物の境を説明できなくなりつつあるといわれます。我々人間とその他の動物との違い、動物と植物との違い、植物と鉱物との違いが、確かに違うものの、その根元において、明確に区別することはできないというのです。現代科学も、「あらゆるものにいのちがありこころがある」とする道元禅師の説示を決して否定できないのです。

「バチが当たる」とか「たたりがある」という言葉があります。やはり最近はあまり言われなくなりました。しかし、これも迷信でしょうか。先住民族の「森の木を切りすぎるとたたりがある」という言い伝えは、実際に過去に木を切りすぎて、山崩れや洪水に苦しんだ経験から作られた生きるための智慧であったといわれ、「バッファロー*を獲《と》りすぎると我々も滅びる」、あるいは「あの山に埋められているものを掘って燃やすと神の怒りをかう」という言い伝えも、迷信ではなく、事実であり、過去の経験から教訓された智慧であったと考えられています。

現代文明人は、これらを迷信として無視し、自然に大きく手を加え、多くの生物種を絶滅させて生態系を破壊して自らの首を締め、また化石燃料を燃やし尽くして地球を暖めて、自ら滅びようとしているとすれば、生きる智慧において、古代からずいぶん後退してしまったと言えそうです。

*バッファロー……アメリカーバイソンの異称。バイソンはウシ科バイソン属の総称で、ヨーロッパーバイソンとアメリカーバイソンの二種があり、前者は一九二一年に野生種が絶滅。後者はかろうじて絶滅をまぬがれた。

道元禅師は深山幽谷を好まれました。人里離れた山中こそ、修行の道場にふさわしいと考えたからでしょう。それは師、如浄の遺言でもありました。『永平広録《えいへいこうろく》』巻十にはつぎのような道元禅師の詩があります。

我愛山時山愛主（私が山を大切にすると、山も私を大切にしてくれる）
石頭大小道何休（大小の岩や石も休むことなく語りかけてくれる）
白雲黄葉待時節（白い雲や山の木々の移り行きのなかで）
既抛捨来俗九流（すでに俗世間の煩わしさは忘れ去ってしまった）

これは、「道元禅師が永平寺で「山居《さんご》十五首」として詠んだ詩の一つです。世俗を離れて深山幽谷に入り、大自然のなかの永平寺で詠んだこの詩に、道元禅師の山を愛する心、山と一体となって生活していた姿をうかがうことができます。「私が山を大切にすれば、山も私を大切にしてくれる」という「山」は、「自然」や「環境」に置き換えて言うことも可能でしょう。私が環境を大切にすれば、環境も私を大切にしてくれる。私たちが環境とともにあることをこの言葉から学びたいものです。

仏教の中心思想は「縁起」であるといわれます。「縁起」とは、いかなる現象も種々の原因や条件によって起こるもので、この世のすべてのものが、一つとして他と関係なく独立して存在するものではなく、固定した不変の存在ではないことをいます。あらゆるものは、複雑に他と関わり合いながら変化してゆくのです。「自分だけ」「ここだけ」「今だけ」ということはないのです。大きな網の一部分をつまみ上げても、そこを中心に富士山のように持ち上がるように、直接隣り合わせていなくても、間接的に他の多くの部分とつながっていて、影響を及ぼすのです。すべての生命は一枚の織物と同じであり、人間もその織物の一本の織り糸に過ぎないとも言えるのです。

道元禅師は『正法眼蔵』「行仏威儀《ぎょうぶついいぎ》」の巻で、

行仏《ぎょうぶつ》の威儀《いいぎ》を覷見《しょけん》せんとき、天上人間のまなこをもちゐることなかれ、天上人間の情量をもちゐるべからず。これを挙して測量《しきりょう》せんと擬《ぎ》することなかれ。（『正法眼蔵』「行仏威儀」）

〈「行仏の威儀」（修行を仏のあり方としている、その仏のあり方）というものをうかがい見ようとするなら、我々の世界のものの見方を用いてはいけない。我々の世界の感情で推し量ってはいけない。自分のモノサシを用いて計

ろうとしてはいけない〉

と示しています。

我々は自分の能力の範囲において物事を認識しています が、それがすべてではありません。『正法眼蔵』「現成公案」の巻で、「参学眼力のおよぶばかりを、見取《けんしゅ》・会取《えしゅ》するなり」（自分の能力の範囲で、見たり分かったりするのである）といい、「よもの世界あることをしるべし」（四方の世界があることを知らなければならない）とは、そのことを言っているのです。だから、人間の見方、考え方のみで、世界を見てはならないし、仏法の世界を、人間のモノサシで計ってはならないと言われるのです。ものの見方を変える。それが今、深刻な環境問題の解決にあたって、最も求められていることだと思われます。

日常生活に生かすべき教訓

その他、道元禅師の教えには、日常生活に生かすべき多くの教訓が示されています。特に『正法眼蔵随聞記』は私の座右の書となっています。そこからは修行生活における道元禅師の肉声が聞こえてくるような気がします。ここにはさまざまな生きる智慧が説かれています。

学道の人、言《ことば》を出《いだ》さんとせん時は、三度《みたび》顧《かえりみ》て、自利利他の為に利あるべければ、是を言ふべし。利なからん時は止《とどまる》べし。（『正法眼蔵随聞記』巻一）

〈学道の人は、ものを言おうとするときは、言う前に、三度考えて、自分のためにも他人のためにも有益であることならば言うがよい。有益でなさそうなときには言うのをやめるべきである〉

三覆して後に云へと云《いう》心は、おほよそ物を云んとする時も、事を行はんとする時も、必《かならず》三覆して後に言行《いいおこなう》べし。先儒多くは三たび思ひかへりみるに、三たびながら善ならば言ひおこなへと云也。……三覆をば、いくたびも覆せよと云也。言行言ばよりさきに思ひ、行よりさきに思ひ、思ふ時に必たびごとに善ならば、言行すべしと也。衲子も又かならずしかあるべし。我ながら思ふことも云ことも、主にも知られず、あしきことも有るべき故に、先づ仏道にかなふやいなやとかへりみ、自他のために益有りやいなやと、能能《よくよく》思ひかへりみて後に、善なるべければ、行ひもし、言ひもすべき也。（『正法眼蔵随聞記』巻五）

〈昔から「三度考えてからものを言いなさい」というが、その意味は、だいたいものを言ったり事を行ったりするときも、必ず三回考えて、そのあとに言ったり行ったりしなさいということである。昔の儒者の多くは「三度考えて三度とも善であれば、言うもよし、行うもよし」と言っている。……三度というのは、幾度もということである。言う前に考え、行う前に考え、考えるたびに善であるなら言ったり、行ったりするべきであるというのである。僧侶も必ずそうあるべきである。しかし、自分が思うこと、言うことは自分には分からなくても悪いこともあるかもしれないので、まず仏の道にかなっているかどうかを省みて、自分のためにも他人のためにも有益かどうかをよくよく思い省みて、よいことであれば、行い言うのがよいのである〉

三度考えて……と言っても、日常の会話の中で、いちいち三度も、自分のためにも相手のためにもなることかどうかを考えてしゃべることは、実際なかなかできることではありません。それに、自分のためにも相手のためにもなるような必要な話、というものはそんなにあるものではありません。私も、はじめは、そのようなことをしていたのでは、会話にならないと思っていました。しかし、心がけていることによって、これができるようになるのです。

私たちは日頃、むだなことを言うことが多く、そのようななかで、不注意な発言や行動をして相手の心を傷つけたり、怒りをかったり、思わぬ大問題を起こしてしまったりすることがあります。

言葉というものは、とても大切です。言葉の内容やその言い方で、人間関係はよくもなり悪くもなるものです。ちょっとした思いやりの言葉に、心を和ませられたり、勇気づけられたり、また一つの言葉によって人生が変わるほどの大きな影響を受けたり与えたりすることもあります。逆に、何気ない言葉によって、無意識のうちに相手の心を傷つけていることもあるものです。

道元禅師の教えのように、三度考えることは難しいにしても、ほんの一瞬でもいい、一瞬、今自分が言おうとしていることに思いを巡らすことによって、日常生活における失言は確実に少なくなり、不用意に他人を傷つける言動もなくなるのではないでしょうか。

三度考えて、ものを言ったり行ったりすること。あなたも心がけてみませんか。

また、道元禅師は、

他の非を見て、わるしと思《おもう》て、慈悲を以《もつ》てせんと思はば、腹立つまじき様に方便して、傍《かたわら》のことを言ふ様にてこしらふべし。

（『正法眼蔵随聞記』巻二）

〈他人の間違いを見て、いけないと思い、慈悲心をもって教えてあげようと思ったら、その人が腹を立てないようにあれこれと手だてを考えて、他人《ひと》ごとでも言うように、それとなく教えてあげなさい〉

と言います。しかし、なかなかそのようにはいきません。とかく、相手を責め立てて厳しく注意したり、人前で叱りつけたりしてしまいます。あたかもそれがその人のためによいことであるように思う人もいます。しかし、私には、道元禅師のこのような教えこそ正しい道理であると思われます。

ある教育者が言っています。「人に対して、言うべきことを言う場合には、相手の心を傷つけないやさしさが必要である。人の心を傷つけながらものを言うことは簡単だ。しかし人間関係における教育の場でいちばん大切なことは、人の心を傷つけないでものを言うことであり、また、へつらうことなしに相手に対してやさしさを示すということである」と。私も、一教育者として、同様に思うのです。

また、立場上、人にいろいろと口添えや紹介状を頼まれることがあります。内容によっては、どうしたものかと迷うこともあります。そんなときのアドバイスとして、道元禅師流の対処法があるのです。

一、基本的にはできるだけ希望に添ってあげる。

二、「口添えあるいは紹介状を頼まれたので、その要望に応じてのことである」ということを伝える。

三、判断はあくまでも相手方がすることであり、私のことは考えずに道理にかなった対処をしてもらうよう申し添える。

四、とにかく双方がわだかまりを残さないようにし、自分も名声や我執（自分中心の小さい考え）を捨てて対処する。　（『正法眼蔵随聞記』巻二）

というものです。実に素晴らしい対処法です。私もこのように対処することにしています。

また、時には他人と議論することもありますが、そのようなことについても心得があります。

直饒《たとい》我道理を以て道《いう》に、人僻事《ひがごと》を言を、理を攻て言勝《いいかつ》は悪《あし》き也。次に、我れは現に道理と思へども、我が非にこそと言て負《まけ》てのくも、あしばやなると言《いう》也。只人をも言不折《いいおらず》、我が僻事にも謂《いい》おほせず、無為にして止《や》めるが好《よき》也。

（『正法眼蔵随聞記』巻二）

〈たとえ自分が道理にかなったことを言い、相手が間違ったことを言っていても、理屈で責めたてて言い勝つのはよくないことである。また、実際は自分の方が道理と思いながら、自分の間違いだと言って負けて引き下がってしまうのもあきらめが早すぎてよくない。ただ、相手を言い負かしもせず、自分の間違いとも言わず、何となくやめてしまうのがよい〉

自分の方が明らかに正しくて、相手を理屈で言い負かせることができたとしても、相手には屈辱と復讐《ふくしゅう》の心が残るのが常でありましょう。たとえ自分が正しくても、相手を打ち負かしてはならないというのです。

このような数々の具体的な生きる智慧が『正法眼蔵随聞記』のなかには示されています。このような生きる智慧は、現代社会においても大いに生かすことができるものですし、実際私は、これらを拠《よ》り所として、平安に過ごしています。八百年程前の道元禅師の教えでありますが、決して古くさいものではありません。

時代によって変わりゆくものがあります。地域によって異なるものがあります。しかし、いつの時代にも、いずれの地域でも変わらないもの、それは、人間で言えば、同じ人間であるということ、そして同じ心をもっているということであると私は思います。平和を願い、自由を望み、安らぎの人生を送ることと言ってもいいでしょう。

仏教は、何ら特別な教えではありません。仏教は、世界はどのようにあるのかを説き（それを仏法と言います）、そこで人間はどうしたらよりよく生きられるのか（それを仏道と言います）、を説いているのです。

道元禅師は、時代を憂えました。

あさましきかな、末世の法は俗家をたぶらかし、時にあへるにこころをよせ、ときに不合の人ありといへども、かつてみることなく、いまの法は、俗家の世渡業にもおとりてあさまし。なかなか渡世のなす事を見れば、なす事ありて取ることあり、これにははるかにおとれるは、此ごろの仏者のありさまなり。眼をさまして仏の真理をわきまへ、向上の大路をあゆむべし。(証悟戒行法語)

〈嘆かわしいことに、末世の仏法は世間の者の心を惑わし、時勢に合わせていろいろなことに心を寄せ、折に触れて不幸せの人に出会っても、まったく顧みることなく、この頃の僧のあり方は、世間の人々の仕事にも劣っていて嘆かわしい。むしろ世間の生活で行っていることを見ると、よいことを行っていて見習うべきところがある。これにはるかに劣っているのは、このごろの仏者のありようである。眼を覚まして仏の真理をわきまえ、向上の大路を歩まなければならない〉

と。そして時代は下り江戸時代の曹洞宗の高僧たちは、道元禅師の時代をたたえ、今を憂えました。そして今、私たち僧侶《そうりょ》も、道元禅師や江戸時代の高僧たちをたたえ、今を憂えます。いつの時代でも、今を憂え、将来を憂えるのでしょう。しかし、その憂えのなかから、道元禅師が生まれ、江戸時代の高僧たちが出現したのです。そして今にその教えや行業が語り継がれ行じ継がれています。それは大いなる志のあるものによってこそ成し遂げられてきたと言えます。

私たちも、今を憂え、それをバネにして、大いなる志をもって今を生きていかなければなりません。道元禅師は言います、

人の鈍根と云ふは、志の到らざる時の事なり。

〈力量がないというのは、やる気のないときのことを言うのである〉

と。志を持てば、仏道は誰でも必ず成し遂げることができるのです。

ここに、今を憂える多くの人たちが、道元禅師の生き方を学び、道元禅師の言葉に触れて、そして一人でも多く、大きな志を発する人があってほしいと願うものです。

道元略年譜

年次	西暦	年齢	事項
正治二年	一二〇〇	一	誕生
建暦二年	一二一二	一三	春、良顕の室に入り出家を求める。横川般若谷の千光坊に入る。
建保元年	一二一三	一四	四月九日、天台座主公円について剃髪。翌十日菩薩戒を受け、比丘となる。
建保五年	一二一七	一八	八月二十五日より建仁寺の明全の室に入る。
貞応二年	一二二三	二四	二月二十二日、明全らとともに京都を出て入宋の途につく。三月下旬、博多出発。四月初旬、中国明州着。五月四日、船中にて阿育王山の典座に会う。七月、天童山景徳寺に掛錫《かしやく》。のち、十月頃まで諸山歴遊の旅に出る。秋の頃阿育王山を訪ねる。

元仁元年（嘉定一七）	一二二四	二五	十月、慶元府にて高麗僧と会う。一月二十一日、天童山で無際了派の嗣書を見る。七月五日、天童山にて栄西十回忌にあたり祠堂供養。のち、諸山歴遊の旅に出る。七〜八月、如浄天童山の住持（住職）となる。
嘉禄元年（宝慶元年）	一二二五	二六	三月以前、天童山に戻る。五月一日、如浄面授。五月二十七日、明全示寂。夏安居時、阿育王山へ。七月二日、如浄の方丈に参ず。九月十八日、菩薩戒を受ける。
安貞元年（宝慶三年）	一二二七	二八	如浄の嗣書を相承する。七月頃、帰国の途につく。七月十七日、如浄示寂。八月帰国（肥後《ひご》河尻《かわしり》）。この年、『普勧坐禅儀』撰述。
安貞二年	一二二八	二九	肥後河尻から太宰府を経て京に帰り建仁寺に入る。
寛喜二年	一二三〇	三一	比叡山の圧迫により、建仁寺より安養院へ移る。
寛喜三年	一二三一	三二	八月十五日、『弁道話』撰述。
天福元年	一二三三	三四	観音導利興聖宝林寺を開く。八月、「現成公案」巻撰述。

文暦元年	一二三四	三五	『学道用心集』撰述。この年、懐奘参随。その後、嘉禎年中にわたり懐奘により『正法眼蔵随聞記』の筆録が行われる。
嘉禎二年	一二三六	三七	興聖寺僧堂開堂。十二月二十九日、懐奘、興聖寺の首座となる。
嘉禎三年	一二三七	三八	『典座教訓』『出家略作法』撰述。
仁治二年	一二四一	四二	春、日本達磨宗の懐鑑・義介・義尹《ぎいん》・義演等、興聖寺の道元のもとに入門。
寛元元年	一二四三	四四	この年、『護国正法義』を著して朝廷に奉るか。七月、入越。大仏寺法堂、僧堂等造営。『対大己《たいたいこ》五夏闍梨法』撰述。
寛元二年	一二四四	四五	七月十八日、大仏寺開堂説法。十一月、大仏寺僧堂上棟。
寛元四年	一二四六	四七	六月十五日、大仏寺を永平寺と改称。『永平寺知《ち》事《じ》清規《しんぎ》』撰述。
宝治元年	一二四七	四八	八月三日、鎌倉へ。
宝治二年	一二四八	四九	三月十三日、永平寺に帰る。『永平寺庫院制規』

			撰述。
建長元年	一二四九	五〇	一月、『永平寺衆寮箴規《しゅりょうしんぎ》』撰述。
建長五年	一二五三	五四	正月六日「八大人覚」巻撰述。七月十四日、永平寺を懐奘に譲る。八月五日、上洛。八月二十八日、示寂。

本書は、二〇〇三年三月に日本放送出版協会から刊行された『禅のすすめ　道元のことば』を文庫化したものです。

禅《ぜん》のすすめ

道元《どうげん》のことば

角田泰隆《つのだたいりゅう》

平成30年 1月25日　初版発行
令和7年 5月30日　12版発行

発行者●山下直久

発行●株式会社KADOKAWA
〒102-8177　東京都千代田区富士見2-13-3
電話　0570-002-301(ナビダイヤル)

角川文庫 20754

印刷所●株式会社KADOKAWA
製本所●株式会社KADOKAWA

表紙画●和田三造

●お問い合わせ
https://www.kadokawa.co.jp/（「お問い合わせ」へお進みください）
※内容によっては、お答えできない場合があります。
※サポートは日本国内のみとさせていただきます。
※Japanese text only

ISBN978-4-04-400371-5　C0115

◆◇◇

角川文庫発刊に際して

角川源義

第二次世界大戦の敗北は、軍事力の敗北であった以上に、私たちの若い文化力の敗退であった。私たちの文化が戦争に対して如何に無力であり、単なるあだ花に過ぎなかったかを、私たちは身を以て体験し痛感した。西洋近代文化の摂取にとって、明治以後八十年の歳月は決して短かすぎたとは言えない。にもかかわらず、近代文化の伝統を確立し、自由な批判と柔軟な良識に富む文化層として自らを形成することに私たちは失敗して来た。そしてこれは、各層への文化の普及滲透を任務とする出版人の責任でもあった。

一九四五年以来、私たちは再び振出しに戻り、第一歩から踏み出すことを余儀なくされた。これは大きな不幸ではあるが、反面、これまでの混沌・未熟・歪曲の中にあった我が国の文化に秩序と確たる基礎を齎らすためには絶好の機会でもある。角川書店は、このような祖国の文化的危機にあたり、微力をも顧みず再建の礎石たるべき抱負と決意とをもって出発したが、ここに創立以来の念願を果すべく角川文庫を発刊する。これまで刊行されたあらゆる全集叢書文庫類の長所と短所とを検討し、古今東西の不朽の典籍を、良心的編集のもとに、廉価に、そして書架にふさわしい美本として、多くのひとびとに提供しようとする。しかし私たちは徒らに百科全書的な知識のジレッタントを作ることを目的とせず、あくまで祖国の文化に秩序と再建への道を示し、この文庫を角川書店の栄ある事業として、今後永久に継続発展せしめ、学芸と教養との殿堂として大成せんことを期したい。多くの読書子の愛情ある忠言と支持とによって、この希望と抱負とを完遂せしめられんことを願う。

一九四九年五月三日

角川ソフィア文庫ベストセラー

いきなりはじめる仏教入門
内田樹
釈徹宗

仏教について何も知らない哲学者が、いきなり仏教に入門!? 「悟りとは何か」「死は苦しみか」などの根源的なテーマについて、思想と身体性を武器に、自らの常識感覚で挑む! 知的でユニークな仏教入門。

夢中問答入門
禅のこころを読む
西村惠信

救いとは。慈悲とは。禅僧・夢窓疎石が足利尊氏の弟・直義の93の問いに答えた禅の最高傑作『夢中問答』。その核心の教えを抽出し、原文と平易な現代語訳で読みとく。臨済禅の学僧による、日常禅への招待。

よくわかるお経読本
瓜生中

般若心経、浄土三部経、光明真言、和讃ほか、各宗派の代表的なお経十九を一冊に収録。ふりがな付きの原文と現代語訳で読みやすく、難解な仏教用語も詳細に解説。葬儀や法要、写経にも役立つ実用的読本!

よくわかる曹洞宗
重要経典付き
瓜生中

「禅」の成り立ち、宗祖道元や高僧たちの教えと生涯、ゆかりの寺院などの基礎知識を丁寧に解説。『修証義』『般若心経』『大悲心陀羅尼』ほか有名経典の原文+現代語訳も収録する、文庫オリジナルの入門書。

ひらがなで読むお経
編著／大角修

般若心経、一枚起請文、光明真言、大悲心陀羅尼ほか、二三の有名経文を原文と意訳を付した大きな「ひらがな」で読む。漢字や意味はわからなくてもすらすら読める、「お経の言葉〈小事典〉」付きの決定版。